超男進化論

在亂流中找回掌舵力的人生指南

劉軒 Xuan
詹斯敦 Shelton
著

三十六位跨領域意見領袖盛大推薦

（依姓名筆劃排列）

大家常以為表現不好才需要教練，事實上表現好更需要。因為在某個領域走到頂尖的百分之五，想上升就更難。而也因為在某個領域走到了頂尖的百分之五，在人生其他領域就落後了。

劉軒和詹斯敦都是某個領域的頂尖，但也因此自覺在其他領域落後。這本書，是他們「進化」的故事。他們各自得到了教練的幫助。這「教練」不只是一個人，還包括劉軒的太太、父親、他當小留學生的過去；詹斯敦的前妻、兒子、外婆。

我們都花了太多時間追求「成功」，太少時間追求「成為」。從男孩到男人，靠的不只是外在的成功，也靠內在的成為。這是劉軒和詹斯敦，「成為」的故事。

——作家　王文華

在台灣的一九八七年，一款市場定位為年輕上班族的房車，以標榜著「家庭」的品牌，一支廣告將「新好男人」這個詞打得人人琅琅上口。而地球運轉著，萬物繼續演化，男人也不斷地在進化中。劉軒和詹斯敦兩位都是在那個廣告當中慢慢成長的男性，代表了就是在這樣的新時代氛圍中長大的又一代新好男人。

在這一本書裡面，我們看到了比前面的世代還更深遠的思考，而且對自己的反思是回應在更多不同的層面上。他們對於自己在社會現實上的個人定位，有著更寬廣的視野；對於在家庭的角色，更是敢於去檢討和承諾；對於個人不論是身體的自律，還是內心深處的靈性，也開始將持續的關注視為一種理所當然的事情。

這是一個越來越成熟的個人性格，也是越來越邁向自性化之路的世代！在這一本書裡面，這一切的喜悅很自然地流動在所有的字裡行間。

——精神科醫師、作家　王浩威

《聖經》記載上帝先創造了男人，祂看那個人獨居不好，就造了一個女人幫助他。有一天男人和女人被蛇誘惑，當時他沒有做好男人的角色，跟著太太一起吃了禁果。上帝知道之後，男人非常害怕被上帝責備，就對上帝說：「都是你給我的女人害的。」這是亞當，人類歷史上第一個渣男。

這個世界有很多男人，但是真正的男人卻不多，誠如本書的書名《超男進化論》，作者期待幫助每個男人都成為真正的男人（超男）。兩位作者都是非常勇敢的男人，他們將自己如何學習成為「超男」的故事分享出來，並不是為了炫耀自己多行，而是希望邀請你一起同行。

不管你是長不大的男孩、討人厭的渣男、沒自信的魯男，這本書一定可以在身心靈、家庭、事業與社會責任上，幫助你建立一套不凡的思想。這本書是一本航海指南，讓你在「男海」之中不再浮沉，過關斬將，最後成為令人尊敬的「超男」。

——iM教會牧師 松慕強

「進化」積極的意義是反思現狀的不足，加上對未來的期待，化成動力產生的結果。人到了一個年紀的時候，每天想的就是如何去面對各種挑戰：家人身心靈健康，工作的挑戰，配偶的關係，親子的教育，自我成就感的滿足。每天好像都有忙不完的事，每一件事情也不見得都可以順遂完成。

劉軒和詹斯敦分享了他們從成功到面對巨大挫折，重新找新方向再起的故事，也就是我所認為的

「from zero to hero」反復挑戰自己的超男進化旅程。

——華生資本董事長　林宗聖

劉軒老師一直以來給我的印象就是「人生導師」。我覺得要成為導師要有兩個要件，一個是「實踐」，他的人生必須有足夠多的歷練，遭遇過許多問題，導致他知道每件事的解決方針，並且在看事情的時候可以精準抓到重點或看出盲點。另一個是「同理」，他除了知道解答以外，還能夠體諒速度無法跟上或是無法跨越困難的人，因為他自己也曾經處於低谷，所以能夠同理。在我自己經歷人生的巨大困難時，也有幸得到了劉軒老師親自的指導，那份源於實踐卻又富有同理的對談令我印象深刻，也帶給我很大的幫助。

在這本書裡，劉軒的導師身分卻翻轉了，再次地成為了學生。一篇一篇的文章透過跟他的人生導師的互動中，帶出高還有更高、深還有更深的人生哲學。

——百萬 Youtuber　阿滴

超男進化論之「超」：「SUPER系統」喚醒了我們對於如何系統化的自我培養與成長的提示和警覺。

超男進化論之「進化」：提醒了我們成長是一生的任務、追尋、使命。

本書給到了各年齡層的男性一個藍圖和方針，不僅給出了成長的指南，更指出了核心思考和態度的方向。每個人有著自己獨特的故事，將行駛自己的journey（旅程），然而二位作者提醒我們，雖然成功道路上有著共性的特徵，但這些提示並非直接的「地圖」，而更多應促進我們的open-minded（開明的）自我反思。人生的盲點在於自我認知的不足，不可自我欺騙。同時，健康的，不帶批評、評價的溝通意思不僅為了優化社交，更多的是他人其實是每個人的鏡子，反射了也響應了我們的盲點與偏見。認真的觀察自我加上誠懇的互動將打開全新的視野與格局，進而帶動永續成長，推動自我進化，值得每位仔細閱讀，開懷體會。

——復旦大學泛海國際金融學院副院長　張純信

這是人人都需要的人生前進指南。

收到軒哥的邀請，看到這本書，第一個念頭是，太好了，總算有人關注「男人」們的需要。女性在性別角色框架裡經歷到的各種限制與恐懼，我常常說的，其實男人何嘗不是？每種不同的性別，都深陷在性別角色的權力關係裡動彈不得。但，如何「超越」這些限制，更好地成為自己，這就是本書兩位作者用自己的親身故事跟所有讀者分享的秘訣。

我特別欣賞兩位作者願意「挺身而出」（lean in）表達男人與家庭關係的重要性。從原生家庭到養育責任，也包括更有意識地經營伴侶關係，兩位作者用切身的經驗，特別傳達出「溝通」重要性。「愛裡沒有懼怕。」作者引述《約翰一書》的話。這不僅也是我所深深信仰的價值觀，也傳遞出兩位作者想要跟讀者們說的話。當有更多男人願意理解「愛」，願意「愛」，希望能有更多的男人也學會好好地「愛自己」，成為超男。

——作家、《女人迷》創辦人　張瑋軒

兩位超男以最真誠的心，分享他們精彩而動人的人生故事，並且提出具體論述，如何從夢想、事業、家庭、朋友，及身心靈各個層面去成為超越自己的男人！

字裡行間，我們充分感受到兩位作者的起心動念，想要幫助男性突破傳統觀念和束縛，勇敢去塑造自己夢想中的Super Man！

這本書讀來非常流暢，生動有如聆聽雙簧，我想不只是男性，女性讀者透過這本書，也能從男人的視野去閱讀他們，成就更多超男！

畢竟，男人與女人的世界一起進化，才能共同讓世界更美好！

——女董學院院長、前台灣萊雅總裁　陳敏慧

曾經，東方人對男性的要求只要讀好書（讀不好沒關係，行行出狀元）、找到金飯碗、抱得美人歸、生幾個孩子（沒時間教養沒關係，反正那是女人的責任）。如果做不到也沒死透，還有一句「浪子回頭金不換」的諺語在等著當下台階。媽媽的溺愛、女友或老婆的包容、社會的寬待，男人好像怎麼做都有權利，也都有諉過的理由，但這樣長此以往，一定會有嚴重的失衡，終致崩塌。

崩的未必是自己的人生而已，有可能是站在身邊、那些相信的人。

那麼，如何痛定思痛，幡然悔悟？

靠的是自知、自覺，以及一種真男人的勇氣。

這麼久以來，男人們的成功定義一直被扭曲，多金、出名、三妻四妾，腦滿腸肥終日言不及義還沾沾自喜的大有人在。很高興看到劉軒、詹斯敦的《超男進化論》，記錄的是人生亂流下重新振作的超強戰鬥力和毅力，看完之後，我真的相信世界上有真男人，令人尊敬的真男人！

——知名主持人 陶晶瑩

無論世界怎麼喊女男平等，我卻一直看到女男的不平等。很多事，例如哺乳親子靈性互動，就屬女人獨享，但男人單手拿起嬰兒提籃，相對比較有力，這也是無可取代的。這是身為新手奶爸的感觸。而身為藝人，看到女明星或女粉絲，可以大肆觀賞猛男與鮮肉，為其喝采歡呼叫囂，甚至對肌肉男大喊脫脫脫……而男藝人或男粉絲，根本不用動手，只需使個眼色，就很容易被定調是調戲加物化女性，誰敢喊脫脫脫……？

女與男，都是地球人，相互輝映互助合作，只求不彼此牽制拉扯就很完美了！

身為男人，可以不表露情緒，但心裡真的需要一個避風港。這本書，讓我看到兩個認真用心，更勇於承擔、樂在進化的超男，提供男性進階的教材，也給予彼此療傷的故事。謝謝你們，辛苦了。

——知名主持人 黃子佼

因緣際會地成了詹斯敦的格鬥教練，我教他格鬥，他卻教我人生。

一開始上課時只覺得這位大哥非常帥氣，而且訓練時非常認真投入，但是慢慢地發現他是一個非常細心而且正能量的人，偶爾在發現我內心有情緒的時候都不吝付出溫暖與關心。

更加熟識之後我開始常常請教他不同的人生課題，不論是事業、感情、家庭、工作，他都毫不藏私且切中要點地分享自己的經驗與想法，甚至會說出很多我根本沒想過的解決方法或是思維模式。對於在傳統價值觀下成長的男人而言，生活往往是一個不停地取捨與犧牲的過程，但詹斯敦讓我了解到，一個真正的男人，必須是全方位而且平衡的。

現在他願意集結這些智慧分享給遇到困境或是想突破自己的男人們，而且是跟超強文化人劉軒大哥（很難想到有比他更多才多藝的人生導師了）合作，一起分享他們的人生經歷、精華與建言，這個創舉必須讓更多人看到，我已經迫不及待要拜讀這本大作了！

——格鬥教練　黃育仁

星雲大師曾言：「一個人的苦樂、成敗，與其觀念有很大關係。」劉軒與詹斯敦二位人間行者，在歷經貌似苦難的歲月後，淬鍊出與自他、時空最美好的互動方式，無私而有步驟地引領迷航者探索生命，最後會發現：你未曾得到什麼，只是抖落一身本就不該屬於你的負擔與葛藤，塵盡光生。

願翻閱此書的有緣人，透過聽聞、反思、實踐，達到不滯留於過去、不貪著現在、不幻想未來的無畏自在，進化成為不驚、不怖、不畏的「執行力」超男！心懷大眾、悠遊自在，活出最精彩的自己！

——佛光山都監院頭單書記、佛光山義工會會長、佛光山叢林學院男眾學部副院長、佛光山男眾傳燈會執行長、佛光山法寶堂堂主　慧屏法師

我這輩子，跟兩位超男合寫過書，一位是好友，一位是長子，男人的「不一樣，卻很一致」，我最能體會。

無論是家庭關係、興趣嗜好、價值觀、身體或心靈等各個面向的切入，都能找到極度碰撞的點。

我的人生出現多次亂流，看完本書，我覺得那些只是浪花而已，凌晨五點打開第一章，我竟然三個小時聚精會神地看完。

我喜歡詹斯敦的坦承與自然，我愛劉軒的堅持與柔軟，兩位在人生風浪與亂流的處理上，都是值得

我學習的教練與導師。

這是男人轉超男的地圖指引，更是女人認識伴侶的手中指南，《超男進化論》是再度找回人生掌舵權的方向盤。

——企業講師、作家、主持人 謝文憲

領袖一〇〇創辦人石恬華、知名藝人艾力克斯、知名主持人何戎、知名主持人吳珊儒Sandy、諮商心理師周慕姿、連續創業家暨財報講師林明樟、奧運舉重金牌得主郭婞淳、HRC創辦人／全球奧運霹靂舞負責人陳柏均Bboy Bojin、知名創作歌手陶喆、美商中經合集團董事長劉宇環、臺北富邦勇士籃球隊領隊蔡承儒、《魅麗》雜誌發行人／身心靈老師／作家賴佩霞、知名主持人聶雲、背包旅人藍白拖、知名演員藍鈞天

——掛名推薦

〈專文推薦〉

面對衝擊、度過難關，我與Shelton深有共鳴！

雄獅集團董事長 王文傑

幾年前初認識Shelton詹斯敦時，看他的家世背景、學歷、經歷，堪稱「人生勝利組」，多個月前他自美國返台後，我們深談數個小時，知道他所經歷的起伏，我頗受感動。當Shelton找我為他新書《超男進化論》寫序，我打破雄獅旅行社上市九年來不為人寫序的慣例，欣然答應。

Shelton與謝國樑先生兩人因子女身體狀況而結緣，並從與Shelton互動中體會到兩人彼此扶持的深厚交情，也才感受到Shelton經歷的低潮逆境：因為兒子治療忍痛選擇放棄其供應鏈事業的成功，回歸家庭卻又面臨婚姻破裂，這對「人生勝利組」的男人而言，衝擊之大可想而知。

面對衝擊、度過難關，我與小我幾歲的Shelton深有共鳴！

二〇二〇年起新冠病毒侵襲全球，受到疫情衝擊的產業中，觀光旅遊休閒產業被稱為「海嘯第一排」，身為企業領導人的我承受強大的壓力煎熬。但如同二〇〇三年SARS的放大版，雄獅昂首挺胸地走過來了，並且藉危機亮麗翻身。就是這兩年半的經歷，我才可以感受到Shelton過去所遭遇的辛苦，雄獅也是透過一連串的努力，加上全體員工齊心，才能改變命運，不被疫情海嘯吞沒！

「成功不會從天而降」，Shelton透過「超男計畫」改變人生，閱讀Shelton與劉軒合作的《超男進化論》，透過他們突圍經歷與轉型過程，找出創造「更好的自己」的「航程」，跟著「超男」採取行動吧！

成功掌握在自己手上！

〈專文推薦〉

看懂人生的三種事

綜藝教父　王偉忠

人生的事情有三種，一種是自然發生的事，一種是別人找上門的事，一種是自己感興趣的事。自然發生的事情有好有壞，別人找上門的事情也有好有壞，甚至自己感興趣的事，也可能有好有壞。但塞翁失馬，焉知非福，可能要拉長一段時間、站遠一點，才看得懂這幅人生藍圖。

詹斯敦與我萍水相逢，他的熱情讓人留下深刻印象，很敬佩他面對小兒子先天聽損所展現出的行動力，不只帶孩子返台就醫，還著書詳細記錄歷程與心得，好與其他處境類似的父母分享，很令人感動。

劉軒則是認識好久的小老弟，人帥、有文采還會當ＤＪ，每回與他相談都逸趣橫生，本想與他就心理學相關領域進行合作，後來因緣際會介紹詹斯敦與劉軒認識，沒想到兩人多年之後「結」出了這本書，最驚喜意外的應當是我這個「介紹人」。

很高興有機會看到他們兩人合作的新書，看到他們在奮鬥人生底下的內心糾結與恐懼、發現與喜悅，很為他們感到高興。

這本新書也是他們困而學之，知道自己少了，開始找尋人生教練，重新認識自己的歷程，分享給類似處境的朋友們。

對兩位傑出小老弟的唯一建議，這書的目標讀者應該不只男人，兩位沒發現，現在社會已經是「女力當道」了嗎？

〈專文推薦〉

超男養成計畫

城邦媒體集團首席執行長　何飛鵬

你聽過渣男、暖男、新好男人；你一定也聽過超跑、超馬、超級神人，但你聽過超男嗎？這裡說的超男是由劉軒、詹斯敦兩人試圖聯手打造出的「男性新物種」。

提起劉軒與詹斯敦，社會大眾多少從媒體報導或書籍中，得知他們人生的風光事蹟或是茫然失落。在大多數人的眼中，他們屬於人生勝利組。許多人或許會認為平凡且名不見經傳的自己，和這兩位之間根本沒有可比性，難道向他們看齊之後，就能成為位居社會頂層的人物，成為超男嗎？

如果你如此想像超男，那就誤會了。如果你以為超男是打從娘胎裡便含著金湯匙，有條金光大道在等待他們，顯然，那得要回到投胎之前，去和閻王老爺討價還價；或者回到前世、前前世、無數的前世去多做點功德，重新投胎做人才有可能。但是，劉軒與詹斯敦所認定的超男，絕不是這類。

什麼是超男？先從幾個故事說起。多年前，我參加過一個團體成長課程，學員不是社會菁英，就是世人眼中的成功人士，且大多是男性。結業前，學員們回饋心得感想。在台上，不只一位大銀行總經理或企業董事長痛哭流涕地告訴大家，他們為了追求成功的事業，疏於照顧家人，夫妻親子之間宛如陌生人，人際關係也淡漠無情，他們自覺對不起家人、朋友與同事，夜深人靜感到自己的人生有很大缺憾。

他們都擁有極高的社經地位，但這些外在成功，並不代表完滿的人生；相反地，真實的人生可能一塌糊塗。他們精於擬定投資計畫，懂得如何掌控成本、運籌帷幄、創造利基，卻可能連荷包蛋也不會煎、尿布也不會換，甚至不知道如何與家人好好相處……。付出這麼大代價換來的片面成功，真是男人們想要的嗎？

再來說說劉軒。他有位大名鼎鼎的父親劉墉，打從他還是個孩子時，就因為出現在父親的作品中而揚名於華人世界。成年後，劉軒身兼心理學家、作家、ＤＪ、電視節目主持人、音樂工作者、時尚雜誌總編輯……等多重身分，甚至被許多人視為成功的斜槓代表。他看似什麼都能做，做什麼都能成功，殊不知那是他在茫然不知人生方向，摸爬滾打、誤打誤撞之下「撞」出來的成果。如果他從一出社會時就確立了自己的人生方向，能夠在日後「撞」出這麼多可能性嗎？他的故事告訴世人，茫然有時並非壞事，真正會變成壞事的，是任由自己不斷茫然下去。

再說說詹斯敦，身為外交官的兒子，他從小便被父母送去多米尼克、美國、波蘭當小留學生。和劉軒不同的是，他很早就知道自己想要成為什麼樣的人，並在三十五歲時實現了年輕時設定的目標。他創業，公司成立才五年時，收入總額已超過一億人民幣，淨利潤將近百分之三十五。他擁有豪宅、美麗的妻子、一對兒女，不過，在人生的轉折處，他面臨了兒子極重度聽損、事業歸零、婚姻破碎的多重打擊。一度崩塌的人生，同樣令他感到茫然失措。但是，短暫的崩塌並不是壞事，壞在無法在崩塌後重建。

如今，劉軒和詹斯敦都多了一個新的身分——人生教練，而且是專屬於男性的人生教練。他們在各自不同的經歷中，探索成功的定義，在起起伏伏的人生中，尋找到自己對成功的定義，那就是成為超男。

究竟，什麼才是超男？在他們的定義中，一個能夠克服種種障礙超越自己的男人，便是超男。然而，怎樣才能成為超男？他們設計了一套超男養成計畫，幫助男人擬定夢想清單，從事業、家庭、身心狀態、社交、人生價值觀與信仰等層面，全面檢視自己的人生，帶領男人們一步步找回人生的平衡，讓遺憾不再發生。

他們的故事很精彩，他們在探索成功定義的路途上所付出的努力令人敬佩。雖說這本書是為未來的超男們而寫，但依我看來，書中的內容也同樣適用於超女。只要你想成為更好的人，不管你是男人或女人，這本書都能提供極佳的指引與啟發。

〈專文推薦〉

生命無法獨自完成，我們都需要陪跑員

左右教練創辦人　李岳奇

「**每個人都需要教練**（**Everyone needs a coach**）。」這句話出自比爾・蓋茲（Bill Gates）於TED的演講。在我們生命成長的過程中，總有些「翼下之風」（wind beneath my wings）、良師益友，以「教練」的身分，陪伴我們度過一個接一個蛻變、轉型又進化的歷程，直到有一天，我們變身，也化身為伴隨他人生命長跑的陪跑員，方悟出生命是無法獨自一人完成的真諦！《超男進化論》闡述兩位「超男」透過個人反思與人生教練引導下的轉型改變，忠實記錄兩位「超男」開著「雙B」（Believe〔我相信〕；Behave〔我行動〕），由人生教練在副駕駛座陪乘，突破成長六大面向的精彩旅程。「看看別人、想想自己」是我讀後的第一個反思。

我是教練！在我還不明白什麼是教練、教練在做什麼的年代，就是以「關心不在工作中的同仁」的方式帶領當年一起工作的同事。直到十多年前成為教練，我才明白這些同理思維的養分，奠立了成為教練的沃土，而我也清楚地感受到劉軒與詹斯敦在書中所描述的成長、發展、轉型、進化的過程；他們面對的問題、難題、挑戰與機會，也是每一個成長到成熟個體的人生馬拉松。劉軒邀約寫序，通過寫序的承諾，得以先睹為快，也讓我多一層了解劉軒、第一次認識詹斯敦。「自我覺察」與「自我揭露」是「接納自我」的前提。「接納自我」（S: Self Acceptance）這個起手式，也是本書淬鍊「超男五步驟」的第一步。

「**啟蒙、啟發**」**由我開始，自我實現！**「超男五步驟」的第五步「願景實踐」（R: Realize your Vision）這個圓滿式，是想像力、意志力與實踐力匯集的超男行動，也是成為「超男」的「超難」挑戰。它難在起心動念，難在起步起跑，難在路徑修正……難在找到步調、節奏、配速一致的人生陪跑員！

「**明辨看得見的道路與探索看不到的旅程！**」有了指路人、引導者、陪跑員的同行，降低了旅途中的風險與不確定性。「超男五步驟」的第二、三、四步分別為「夢想清單」（U: Ultimate Goals）、「個人責任」（P: Personal Responsibility）、「高效行動」（E: Effective Action），在這條「UP&E」的路途上，仰賴人生教練之處，不在話下。

「**對比、對照**」，以「對號入座，身在其中」的心境，我將書稿闔上，攤開白報紙，梳理自己人生座標的X軸（時間、年齡）及Y軸（角色、利害關係人）。回顧往事，以十年為期，我爬梳生命中的幾段亂流，把曾經改變也改造自己的角色轉換，高峰低谷，標註在兩位「超男」的「六大面向」時空軸線上！

原來，我的曾經，也已經打磨了今天的超男！男人的蛻變，其軌道十分相近；主角不同，說故事的口氣不同，影響的範疇不同，但「和自己賽跑，跑一場沒有終點的馬拉松」是逃不了也躲不掉的。回首來時路，沒有一段是白走的！

「無窮無盡求更好！到底何時能終了？」以「更」（Better）、「又」（And）的思維替代「計較」（Compare）與「比較」（Compete）是「超男」的覺悟與覺醒！「過去只能懷念，未來可以改變。」一語驚醒夢中人的「人生教練」在燈火搖曳闌珊處出現，他吹響了起床號，於是超男們整理出一套過關轉型的秘訣——「S.U.P.E.R. Game」，以過來人的經驗為「明日超男」鋪路搭橋，解惑釋疑，終於這條人生路，漫步其中，有趣許多！

「轉型（Transformation）是進化的準備。」明白「得到」（having）與「成為」（being）的差別，知曉如何由外顯的追而到內隱的尋，在邁向正面（positive）與完整（complete）的生命旅程中，我們都需要一面鏡子、一個陪伴。「人生教練」的「觀察，對話，引導」，將兩位「超男」由迷惘中帶向清明，在亂流中定錨，再加上以「信仰」為智慧源泉的省思，架構雛形已現。劉軒與詹斯敦的現身說法、互為教練、彼此陪伴，理出了超男「身、心、靈、家、事、社」六大面向的探索與成長模型。說你做過的遠比說你想做的更具說服力，畢竟改變的心人人都有，改變的行動困難重重。激勵演說家得先有故事才能分享故事；人生教練，沒有精彩，何來精華？

「教練故事場景。」名神經學家、作家，也是電影《睡人》（*Awakenings*）原著作者奧利佛‧薩克斯（Oliver Sacks）在《薩克斯自傳》（*On The Move*）中，提到自己年少荒唐毒品成癮時，找到紐約心理醫師倫納德‧申戈爾德（Leonard Shengold）擔任諮商教練，彼此約定每週一次，歷時五十年的教練時光，這段可能是有紀錄中最長的教練陪伴。奧利佛的故事感人也動人，也是我「成為教練」的召喚。

「成為超男，找到你的人生教練。」生命無法一個人獨自完成，我們都需要交談、交流與交心的對象！人生的路，有人陪伴；即使孤獨，也不孤單！

〈專文推薦〉

和兄弟們一起聊聊吧！

《做工的人》、《人生如此》作者 林立青

身為一個男人，我很清楚知道這個社會對我們有著很多不切實際的期待：要能夠成家立業，要有一個美麗的妻子，要有孩子和家庭，要在事業上面突破，要賺大錢。

社會的期待很強大也很可怕，一方面滿足社會的期待會得到無止盡的獎勵，會有他人羨慕的眼光，產生令人驚嘆的表現；一方面也會讓自己陷入被動，慢慢地覺得什麼都新鮮，什麼都應該去嘗試，什麼樣的機會都要掌握。

最後，開始為了滿足社會的期待而逃避自己的感受，先是咖啡成癮、酒精成癮、社群成癮。

這是有代價的，代價是失去更重要的健康、和家人相處的時間、說話的耐心、自己的興趣、對於未來的夢想和期盼。轉眼間，很可能應酬的時間比起聆聽家人同事還要多，卻以為自己還在開拓事業，自怨自艾而無法改變。

這本書正是為了把男人從這種狀況中拉出來戒癮。這本書的編排像是兩個坐在你身邊的哥們好好說著自己的經驗，先從他們的故事說起，然後分享自己所遇到的困境和建議。幾次我看過以後，會想要在其中插上幾句話，就像是和許久未見面的兄弟在沙發上抱怨，等著他給我最好最深刻的答案。

然後在他們的故事裡面，感覺到自己面對一樣的問題，開始需要照顧自己身體，減少成癮的時間，提升工作和生活的專注力，回過頭來經營家庭和感情，開始認真對待自己的朋友，最後找尋自己的方向。

如果你每天喝上數杯咖啡只為工作提神，一旦下班就想喝酒麻痺自己，躺在沙發或床上滑上一小時社群軟體，對於假期旅遊還有家庭生活都沒有規劃。

那麼你需要這本書，需要有超男和你一起聊聊，一起走下去。

〈專文推薦〉

找到專屬你人生的北極星

電通集團CEO 唐心慧

初識Shelton至今已超過二十五個年頭，見證了他的成長與蛻變。年輕時的他，從懵懵懂懂一味地追求外在的成功與他人眼中的肯定；到開始往內心探索自我，懂得設定人生願景，逐步實踐並創造生命的意義；而今，更進一步體會到分享與幫助他人的美好，透過出書傳遞專業與良善的意念，回饋給社會。

在這本《超男進化論》中，Shelton與劉軒透過深入淺出的論述與真實故事，各自分享的人生歷練與彼此互有共鳴的觀點，藉由這本書來協助男人自我開發、改變態度，進而付出行動去追求人生真正的價值，最終獲得發自內心的安定與滿足。

書中點出了當今男人在家庭、社會壓力、自我價值、事業乃至於健康形象的甘苦與盲點，精闢地分享了一些無論男女都受用的哲理與智慧。我特別喜歡其中一段：作為超男，我們可以從追求「擁有」，逐漸走向追尋「成為」的人生境態，可以更願意付出自我，幫助他人，而非懼怕付出，固守我執；奉獻給大我，人的生命才得以顯現其價值。過程中，我們也會因為對大我的敬畏，而懂得謙卑，進而不斷改善，修正自己的人生。

如同近代心理學之父威廉・詹姆斯（William James）曾說：「思想（態度）決定行動，行動決定習慣，習慣決定性格，性格決定命運。」我相信「人定勝天」，因為只有自己能超越自我，唯有願意誠實面對內心真正的自己，渴望一天過得比一天更好，一天比一天進步，人生正向轉變才能正式啟動，這也是本書想要傳遞的核心意念。

一個人生命中最根本、也最重要的課題是探索自己想要「成為」什麼樣的人，一旦有了方向，甚至幸運地找到答案，就如同找到人生專屬的北極星，從此便能不再迷惘，也不會人云亦云，朝向著目標逐夢踏實。然而要找到這個答案，需要有意識且不間斷地自我追尋，有勇氣和有紀律地從做中學，甚或從錯誤中學習。

也就是說，當我們真正理解自我與生命的意義，獲得自信並持續成長，不但能領導自己，更能成就他人，讓世界變得更美好。對我來說，「人生勝利組」並不真正存在，因為沒有人是完美沒有缺憾的，每個人對成功的定義也有所不同，當然也沒有人可以複製別人的人生。雖說，我們從小透過閱讀、父母與師長的教育、他人的經驗分享，甚至於人生教練的指導與陪伴，看似能獲得啟發與學習，但事實上，這世上沒有誰能真正幫助誰，可以解救自己的往往就是自己，因此，我們可以選擇停止去追求別人眼中的成功，無論那個人是父母、師長、配偶或是社會狹隘的刻板印象。

當我們逐步邁向成為理想中的自己時，內心會建構出清晰的價值觀與信念，產生正向積極的自我意識與態度，創造出的能量與影響力將無限強大。此刻，我們會發現面對挑戰、跨越困境都不是難題，甚至偉大的夢想都不再是遙不可及。最終，就能活出屬於自己精彩有意義的人生，伴隨而來是生命中美好且豐碩的果實。

這一趟充滿驚喜與各種可能的人生旅程，旅途中所有的選項都不是單選題，人們不用因為要成就事業犧牲健康，更不需要因追求自我價值而放棄家庭。身體形象、家庭關係、事業理財、社交文化、心智成長與靈性精神，可以同時去探索、發展與兼顧。人生可以選擇，我們可以選擇「以上皆是」！

最後，祝福讀者能從此書中得到指引與鼓舞，展開行動，設定目標，找尋到專屬於自己的北極星，實踐自我心中所想望的人生。

〈專文推薦〉

《超男進化論》，我們等待很久了！

識富天使會創辦人　黃冠華

看完好友劉軒與詹斯敦教練合著的新書《超男進化論》後！其實我的內心是有點激動的！我相信這麼多年來，看完書後能讓我心裡「波濤洶湧」的書，還真的沒有幾本了！

「教練」是貫穿這本書最重要的概念，詹斯敦和劉軒，把最真實的那一面赤裸裸地呈獻給大家，讓大家知道在他們最無助、最脆弱、最需要幫助的時候，一個好的人生教練，是如何地幫助他！

如果在我二十七歲那年沒有回來加入家族企業與家人一起工作。企業教練，的確也可能是我的一個生涯選項！但是在我回家幫忙進而創立「識富天使會」之後，我發現教練這個概念其實和我的生命依舊有強烈的連結，在本業上，我經營公司的最終思維，就是把自己變成高階主管的教練，協助每一位高階主管變得更好！

在天使會裡，我則成為新創公司的教練，我不是解決問題的人，但是我可以從一個不一樣的角度，看到問題、提出問題，讓執行者自己去思考，接下來到底應該要怎麼做，會比較好！這個時候才發現教練的存在，與我的人生，是如此息息相關且密不可分！

書中劉軒兄提到了他父親劉墉先生寫了《超越自己》、《創造自己》、《肯定自己》後，他莫名其妙地成為最佳男主角！我就是一個見證者，我和劉軒兄數年前相遇的第一天，我就跟他說，你不認識我，但我認識你！因為那三本書，我早就不知道讀幾次了。劉軒在這個篇章，在談到他的成長背景，還有現在他與家人及下一代的互動之時，他寫下了這一句話：「我不正是自己不想成為的那種父親嗎？」我看到這裡時，這句話也如同五雷轟頂般打在我身上！我是不是也正在做一樣的事？我曾經自己告訴過自己，我絕對不要變成什麼樣子的人，但是現在的我，是不是就是這個樣子？我想我的另一半，我親愛的老婆大人，如果看到我這一段話，是不是也會有一樣的感受？但唯一可以慶幸的，我至少現在有了自覺，一切都還來得及，現在都還有彌補的方法，我們都還有時間和空間！

在這本書中，大家可以讀到劉軒與詹斯敦教練，如此完整，如此毫無保留地敞開心胸，讓大家看到最真實的自己！光是這一份勇氣，我想就不是很多功成名就的朋友能做得到！兩位作者從自身面對的困境談起，面對家庭、面對事業、面對友情、面對人生的發展與自己內心的渴望，其實每個字讀來，都如此深刻而有感應，雖然讀的是他們兩人的故事，但其實對照著的，是我們自己的心！身為男人，我們在事業上的拚搏，成家立業後的歷程，不也就是像這樣一路走過來的嗎！

我非常喜歡書裡的這一段話：「人生不是攀爬一座高塔，而是航行在一片廣闊的大海！」因為人生不是線性的，它應該充滿著各種可能性和選擇。這剛好也非常地呼應了劉軒兄為我寫序的最新著作《讓別人贏》中，「親子篇」所提到的一個概念，「教育不應該是注滿一桶水，而應該是點燃一把火」！因為水灌滿了就裝不進去了，但是火燒開了，可以遍地烽火、野火燎原！

我們人生所面臨的，都不應該是一個既定的軌道，而是一個廣闊無邊，可以透過不斷選擇，更優化、更美好的一個動態航線！而一個好的教練，可能就是與你一起航行於大海上的最佳伙伴，這是我看完本書之後的最大感受。也很高興詹斯敦教練與劉軒兄能夠共同合作，寫下這些故事來幫助大家！真心地希望這本書能帶給每一位讀過的好朋友，都朝著「超男」更靠近了一步，也祝福「超男計畫」，能夠幫助到更多的人，獲得自信與成功。

PS：劉軒和詹斯敦決定，如果要組超男聚會，裡面不能有女生，我舉雙腳雙手贊同，要不然孔雀天天在開屏，講的話都沒幾句是真的……

〈專文推薦〉

你是理想生活的實踐者嗎？

作家、知名節目主持人　謝哲青

我向來喜愛托爾斯泰（Leo Tolstoy），尤其是他的短篇小說，在北國雪地冰天的荒蕪氛圍中，向世人透露著夢想與希望。

其中有一篇〈人為什麼而活？〉犯戒的天使，帶著上帝交給祂的三個問題，在紅塵世俗中找尋答案，這三個問題分別是：人的心中有什麼？人不知道什麼？人依靠什麼而活？

你想到答案了嗎？不要急著回答這組問題，試著反過來，先問問自己：「你的心中有什麼？關於生活，你不知道什麼？最後，你仰賴何者為生？」

文學與藝術所試探的，是關於「生命」的種種，這三個問題，依據每個人的生命經驗，自然有無限多項答案與選擇。儘管你我答案不同，也知道目前的自己，在陡峭險峻的現實中，活得多麼不符合理想，但我們依然有機會活得真實，贏得自己對自己的尊重。

大部分的我們，都明白這淺顯的道理，但在柴米油鹽的日常運作中，「理想的自己」、「追求卓越」、「超越自我」很容易就淪為空想清談，到最後，我們成為得過且過的自己。

生物學中一句擲地有聲的話：「生命，是從有界限開始。」如果沒有細胞膜、細胞壁，生命就不可能發生。人生也是一樣，為了生存，為了超越，似乎，我們也必須為自己設下一些目標、規範、原則。

什麼？這個世界，我們的生活還不夠苦嗎？為什麼我們還需要這麼多的限制呢？專家學者們也強調，人有無限的可塑性，依據生活經驗的不同而有不同的發展，憑什麼現在我們還要去相信，目標規範原則能幫助我們呢？

在回到托爾斯泰之前，請容許我的任性，把大家帶向更遙遠的上古時代。傳說，摩西從西奈山，帶著兩塊刻有戒律的法版下來，卻發現以色列子民正在歌舞狂歡。在被埃及奴役四百年後，好不容易出逃，卻又在荒野中流浪了四十年，好不容易，嚴厲的摩西也缺席了，這下可好，壓抑許久的以色列人終於可以放開心情，圍繞著象徵異教的金牛犢，諸法皆空，自由自在地縱情玩樂。

站在失序的子民前，摩西舉起石板大喊：

「我從神的身旁，帶回來了好消息……還有一些壞消息，你們想先聽哪個？」

「先聽好消息！」百姓們回答。

「好，我和上帝溝通過了，把十五條誡令刪成十條。」

「讚美主，」群眾們大聲歡呼，「那壞消息呢？」

「哦！還是有不可姦淫這條。」

當然，這只是以幽默的形式，來表達我們對「規範、原則」的矛盾感受。這則故事的意涵，原比字面上能表達的多：失去了目標、規範與原則的自我監督，我們會像故事中縱慾的以色列人一樣，單憑自我的無知空白去判斷，忘卻理想，崇拜一些比我們還低下的形式，以完全不受控的型態，表現出人類的動物性。「沒有人是完全自由的，即使是鳥兒，也有天空的約束。」巴布・狄倫（Bob Dylan）不也這樣唱著嗎？古老的希伯來神話提醒我們，若沒有目標、原則與規範來界定我們的眼光與品味，我們的人生，我們的文明，還會有前景嗎？

劉軒與詹斯敦合著的《超男進化論：在亂流中找回掌舵力的人生指南》，就為吾輩男子們列出一些原則與規範，並將這些規則嵌入個人生命故事中，在戲劇化的轉折中，告訴讀者為什麼，我們需要自我規範及原則，更進一步地闡釋，優化的規則不僅不會限制我們，還能將我們向前推昇，成就更完整、也更自由的人生。

最後，回到托爾斯泰的故事。幾經波折起伏，天使走過人間試煉後，心中有了答案。他告訴上帝：「人的心中有『愛』，人不知道『未來會遇見什麼』，最後，人『依靠他人的扶持而活』。」懷抱著愛，無懼地面對未知與空白，當然，接受人群的援手後，我們應該向人群伸出手，認真生活，勇敢追夢。

我所認識的劉軒和詹斯敦，正是如此理想生活的實踐者。

或許，我們不知道自己的理想是否能夠實現，如果行不通，那為什麼要踏上追尋這條苦路呢？假使繼續擱淺在因循怠惰的舒適圈，可以肯定的是，我們永遠不會感到自己的生命，具有成就與意義。

終究，我們仍然深切地渴望著，在生活中，成為更好的自己。

目錄

第一章

拾起破碎的自己

詹斯敦／畢生追求的成功路

青島嚴冬，大地封凍。從應酬餐廳出來，我醉到無法行走。四肢伏地，爬行穿越大馬路回飯店。背後有同事隨行，但全無出手幫助。

寒風拍打，皮膚凍痛，頭脹欲吐，我咬著牙向前爬行，腦海浮現了數天前的一幕。當時，我站在上海最耀眼的商辦高樓，從豪華辦公室的落地窗俯瞰街市與江水，心中卻滿是不安與迷惘。

劉軒／錯過成功，撞上災難

九一一空襲事件，震撼世界的恐怖攻擊發生後，我親身目擊匯聚全球繁華的金融中心，滿街殘骸，灰泥塵土覆蓋了豪車與道路。數萬人焦急地在尋找失蹤的親人。

哈佛的同學們賣力拚搏的成功：收入、頭銜，在生離死別的關口，還有什麼意義？哈佛所教我的知識與學理，在人們破碎的經歷面前，能發揮什麼功效？

Shelton 詹斯敦

生為男人，邁向成功的征程

自從有意識以來，我就在追尋成功。而且是那種明顯、一眼便知的成功。

十八歲那年，從《如何變總裁》這本書上，我讀到：「薪資，就是人生計分板。」從此，這句話銘記在心中，成為我衡量自我的唯一標準。掙到越高的薪資，意味著成為越成功的男性。很清晰，夠明確。

「我非常努力，也非常幸運，」我會輕描淡寫地這麼說：「在三十五歲就實現了年輕時給自己的目標。」

在災難救助中心，我是為了幫忙而來，但常常呆立無語。

Xuan 劉軒

衝向顯赫的車尾燈

一九九五年，我從哈佛大學畢業。哈佛畢業生，無疑地在人生的前二十年都是成功的學生。其中絕大多數，在畢業這個時間點，都摩拳擦掌、蓄勢待發，要在職業舞台上一飛衝天，大放光彩。

贏在起跑點的人，當然希望一路衝刺、遙遙領先。

我當時當上美國上市公司曼哈頓軟體（Manhattan Associates, Inc.）大中華區的總裁，與美麗的女主播結婚、生了可愛的女兒，一個兒子即將出生。家裡有司機、家務阿姨，生活大小事都會有人張羅。

擔任總裁後，我供家人居住的新房，位於上海新天地，是全上海、全中國，乃至全世界最昂貴奢華的地段。

與人談起，對方或問：「租的？」每次回答：「買了。」低沉的輕輕兩字，從對方的雙眼可看到內心受到撼動。我知

後來幾年，從同學的人際網絡中，我不斷聽到同窗們的凱歌與捷報。

有人進了華爾街投資公司，身分立刻鍍金。傳說，他領到數額驚人的分紅。傳說，她買下精華地段的豪宅。

有人搭上了九〇年代中的網路狂潮，架網站、開公司，將「前途無量」這個詞活生生地真實演示。我們這一屆就有個同學謝家華（Tony Hsieh），畢業三年後就把他創辦的公司LinkExchange，以二點六億美元賣給微軟。二點六億！那可是許多人幾輩子賺不到的錢。*

Shelton 詹斯敦

道，自己在對方心中毫無質疑地歸類於「絕對成功的男人」。

原來，這是成功的滋味

集百貨商場、國際飯店、高檔住宅、跨國企業辦公室於一條路上，淮海中路是橫貫原上海法租界的一條主幹道，如今是上海最典雅也最現代的區域。

曼哈頓軟體就位在淮海中路一棟商業大樓內，我的辦公室在三十六樓。還記得第一次走進總裁辦公室，從落地窗向外看，可以看到我家旁邊的人工湖，以及上海壯麗

Xuan 劉軒

另一位好友光靠著一份企劃書和好口才，向金融鉅頭紅杉資本（Sequoia Capital）談下了六千萬美元的投資。他在紐約精華地段租下超大辦公室，呼朋引伴加入他的公司。錢來得真快、真容易，天天都吃豪華料理，小費出手就是一百美元起跳。真顯赫。

刻意錯過的同學會

世紀之交的公元兩千年，大學畢業轉眼五年。同學會通知寄到了我桌上。「同學會，他們都會出席吧？」我想。

的市景天際線。

此情此景，正是我拚鬥半生的目標。但當我站在此地，看向穹蒼，卻沒有興奮之情，反而心中滿是不安與徬徨。這個感受，讓我自己也嚇一跳。

成功的現況，沒有帶給我踏實與安定的感受，反而心中充斥著疑惑：「為什麼，當我將目標握在手中時，感覺這似乎不是我要的人生？」「我快樂嗎？好像沒有啊。」「往上的梯子在哪裡，我還能往上爬嗎？」「如果我從如今的高位跌落，我要怎麼辦？」

他們，會帶著飛到全世界為公司開疆拓土的戰功來吧。

他們，會帶著創業公司上市、股票市值飛升的故事來吧。

還有那個從紅杉資本募到六千萬的同學，這幾年之間，從事業飛升，到受阻下挫、公司倒閉。他的事跡被拍成了紀錄片：《*Startup.com*》。二十八歲不到，就有這麼傳奇的失敗，也真是值得他在同學會上大吹特吹的了。

他們，戰袍上有勳章，戰衣下有傷疤，隨

Shelton 詹斯敦

從高處跌落的恐懼，並不是我的無端揣想。在新任職的單位，我沒有可信任的人，每個同事，都可能在我背後插刀。我深知公司中有一堆人等著看我失足跌落，以便踩著我的屍體往上爬。

辦公室裡危機四伏。但更令我不安的，是家中，那豪華昂貴的家中，可能有風暴也逐漸醞釀形成。而這件事，我心中雖然隱隱知道，卻從來不敢面對。

其實，我讓家人失望了

身為一個事業得意的丈夫，所有人理所當

Xuan 劉軒

口一張有令人驚掉下巴的故事。

而我呢？我這五年來留在哈佛，就讀心理學研究所，繼續在象牙塔中研讀期刊、尋找難產的論文題目。

看著他們向成功飛速衝刺，似乎連車尾燈都遠得看不到。我錯過了他們搭上的高速列車，現在還有我的位置嗎？或者，我該積極爭取上車，請他們分個位置，載我一程嗎？

翻來覆去，左思右想。那次同學會，我選擇缺席。

然地認為我的妻子很幸福。所有人，除了我自己，以及我的妻子亞曼達（Amanda）。

在豪華住宅裡，滿是名牌家具及衣飾，但亞曼達少有笑容。我心中知道，她放棄熱愛的主播工作，成為家庭主婦，並不是她的人生願望，我不敢和她討論。難道我能解決嗎？

我每天清晨出門離家，像陀螺一樣忙碌，常有應酬與加班，直到深夜返家。我知道陪伴家人的時間太少，從她的神色之間，我察覺出她被忽略的不悅。我不敢和她討論。難道我能改變嗎？

啟程時刻，撞上意外

同學會後，我感到自己似乎不應該留在學術界。如果再不努力達到我的成功，也許就太遲了。

我開始找工作，沒有很久，就在我青少年成長的地方，也是全世界成功的標誌地：紐約，找到出版社的工作。我的人生，似乎要揚帆啟程了。

到職前，我和多年相識的指導教授聊天道別後，在學校附近的早餐店悠哉吃著早餐。突然有人衝進店內，顫抖驚慌地喊：「看

Shelton 詹斯敦

即使我擠出時間陪伴小孩，我仍把注意力放在手機上跳出來的訊息、郵件。小孩或許沒有察覺，但我知道亞曼達都看在眼裡。我不敢和她討論。就讓事情繼續下去，過一天算一天。

我告訴自己：我正走在追求「成功」的路上，唯有成功，我才能帶給他們更好的生活。

但心底總有個聲音低聲質問：「你確定嗎？」

Xuan 劉軒

電視！紐約，飛機空襲！」

這個時刻，改變了許多人的一生。

我睜大眼睛看著新聞，不可置信。隨後，我立刻收拾行李，趕赴紐約。朋友勸阻：「紐約正危險，可能還會有襲擊發生！」

但我內心的聲音說：「身為在紐約長大的孩子，這個時刻，必要與紐約共患難。」

回到紐約，我透過母親接觸到慈濟，他們建議我到設立在九十四號碼頭的「家庭救助中心」（Family Assistance Center）幫忙。

原來，這是成功的溫度

在還來不及理清頭緒，剛升上總裁的第五天，就臨時被總公司派到青島緊急善後一個我不熟悉的棘手案件。再次要遠行出差，我告訴亞曼達，選擇再次忽略她的失望與為難。

我們公司的軟體出問題，客戶準備撤銷合作，且拒不付款。而我的任務，是要代表公司收到款項。

一場硬仗。

救助中心的牆上，貼滿了尋人啟事。大批人群焦急地翻閱，或是貼上他們親人的資料。

成功念像，與大樓一起崩毀

慈濟的現場主管得知我有心理學背景，安排我協助判斷求助者的心理狀態，以及是否符合緊急救助資格。

在這些人們最脆弱無助的時候，我負責和他們談話。

有銀行家的妻子，身穿名牌衣飾，止不住

到了青島，一下飛機就感受到當地的酷寒，人生地不熟的我只想趕快解決事情，離開此地。

會議順利結束後，我陪客戶用餐。也許是太過熱情，也許是不懷好意，每個人都來和我敬酒。

「感謝吳經理！」一杯乾了。「請劉董多幫忙。」再一杯乾了。席間我手中的酒杯沒有空過，黃湯一杯接著一杯下肚，我的腦袋脹得發疼，天地好似在旋轉，而我的同仁，似乎都在看我笑話。

悲哀哭泣。與她相擁安慰的，則是世貿中心北塔頂樓高檔餐廳「世界之窗」洗碗工的家人。她們身邊，一邊哭一邊填寫表格的，則是消防隊員的孩子。他們的父親第一時間衝進了大樓，不久，就發生了坍塌。

在臨時搭建的鐵皮屋裡，本來被層層分級的紐約市，各種背景與階層的人，突然之間毫無差別，每個人都悲傷無助。包括我。

一位懷著身孕、帶著孩子的女士坐在我面前：「昨晚我們吵架，我說他讓我失望透了。」她雙眼無神，喃喃低語：「早上我在洗碗，他從我身後抱我，但我推開他，好不容易捱到飯局結束，我們踏出餐廳。看到馬路對面就是我住的飯店，這時一個踉蹌，跌坐在地，無力站起。兩個同事在我身後，不作聲，也不靠近。我看看他們，看看飯店，看看馬路，在寒風中伏下身，向前爬行。

頭也不回。我聽到腳步聲，關門。若這是我們的最後一次相處，我該怎麼原諒自己？」

我無法回答。每一個人的痛苦發問，我都無法回答。

我越聽，越發現一個事實：我學了十年的心理學，但沒有任何工具、專業方法可以幫助他們。過去讀的那些理論，在此處幾乎派不上用場。

我過去的成功標誌：哈佛、學者……這一切在此時看來全無價值。

Shelton 詹斯敦

成功之城，紐約。我感覺自己再也不屬於這個地方。

Xuan 劉軒

＊謝家華後來再度超越自己的成就，創辦了電商Zappos，被封為「網路鞋王」，看似已是平步青雲的人生更添傳奇成就。然而他後來的身心失衡以及離奇的死亡，也為世人所不解、惋惜與遺憾。

第二章

創造超男的機緣

詹斯敦／人生從雲端墜落

無論再怎麼艱難，即便心中已有迷惘，「成功男人」這樣的身分，仍是我唯一的奮鬥目標與身分認同。

那時，我擁有一個外貌姣好的老婆；創立了一個前景無限、正要高速發展的事業；還有一個可愛的女兒，並準備迎接兒子的出生。在他人面前，我開名車、住豪宅，符合一切「成功男人」的定義。他人眼中的羨慕與認同，是我的自信泉源。

劉軒／人生駛進亂流

一直以來，我對於「成功」的定義非常模糊。所謂的成功，是要成為年收數千萬的大老闆？成為專業領域中聞名的學者？還是像我父親成為一名家喻戶曉的作家？或者像我的哈佛同學，各自在華爾街賺進大把鈔票？

我從來無法給自己一個答案。

從哈佛畢業，曾經試著落腳紐約，當我正視自己對未來的迷惘時我回到台灣，決定

Shelton 詹斯敦

從來沒有想過，這些支撐我身為一個成功男人的要件，同時也是我生命的支柱，將要一根、一根接連傾倒……

世界安靜，心願崩坍

二〇一六年，我與老婆亞曼達的第二個小孩衛斯理（Wesley）出生了。抱著軟綿綿的他，我心中充滿著對這個小男人，以及我們父子未來相處的想像：

要讓你上什麼大學呢？我們以後一起學樂器？

Xuan 劉軒

從我的出生地出發，打造我的人生。

但是多年過去了，經歷許多嘗試、各種闖蕩，我仍沒有真正的方向感。

我總無法得到一個能說服自己的答案：

究竟，什麼是我要追求的成功？

冠蓋雲集，我在哪裡？

因為工作、學歷、成長背景，我在台灣有機會接觸到社會上不同圈子的人。

你從小必然雙語起跳，第二外語學什麼好？

身為我兒子，你一定會是比我更成功的男人。多期待以你為傲的那天！

兒子出生的喜悅，這一切美好期待，很快被命運毫不留情地摧毀。

「衛斯理患有嚴重先天性聽力受損。」在詳細檢查後，醫師面色凝重地開口：「他雙耳僅能聽到一百分貝以上的聲音。也就是說，除非是一架飛機從他耳邊呼嘯而過，否則他的世界，全然安靜無聲。」

哈佛台灣校友會，是個非常活躍的社群。我回到台灣之後，也多年參與其中。不知我是何德何能，十度擔任年度晚會的主持人。

每次身著正裝，走進校友晚會現場，我總能清晰地看出，會場中雲集的人們，油水不融地分成兩大類型。

第一類人是企業二代，他們家裡資源豐沛，許多是從小就被送到美國寄宿學校讀書。他們在學習之路上得到大量支持，人也聰明，也肯付出努力，成為優秀的才俊。從學校畢業後，他們無須擔憂就業，因為多

Shelton 詹斯敦

我的世界也瞬間安靜，而且天旋地轉。我看了一眼亞曼達，發現她哭了，我的眼眶也湧出淚水，心中充滿疑問與不甘。

是開玩笑吧，醫生不要鬧好嗎？會不會是誤診？

是該怪我嗎？是我的基因有缺陷，導致他變這樣？

我為什麼決定多生個孩子，卻讓你到世界上來受苦？

將來他要如何在社會上立足？他要如何成

Xuan 劉軒

數可以承接家中事業。他們會聚在一起聊天，討論彼此事業間的合作，打聽節稅方法，或是新興旅遊與休閒選項。

他們通常有努力的目標：增加企業營收、投報率、數位轉型、擴廠策略……。聽著他們對話，我有時也感到嚮往：我是否也該追求這樣的成功？

哈佛晚會上，另一類主流是群從小到大的績優生。多數來自中產家庭，父母不特別富裕，他們幾乎純粹是靠自己才智與努力，從全球競爭中脫穎拔尖，進入哈佛讀書。他們之中，有人回台灣擔任教授、律師，為一名成功的男人？

從那天起，孩子的聽損，成為我和亞曼達肩上的重負、心中的痛楚。我們四處打聽專治聽損兒的醫師、哪間醫院經驗比較豐富、要選用哪個廠牌的電子耳……。每一天都讓我心力交瘁。

衛斯理失聰的事，我無法跟任何人提起。那個「完美家庭」的表象從此失去了。這件事我無法接受。我不能忍受旁人看到我人生中的瑕疵時露出的表情。那種帶著同情的眼神，好似想著「還好沒發生在我身

或是進入台灣最優秀的顧問公司、跨國企業。

他們也在為目標不斷努力著，幾人一小群地交流專業術語：開創性的研究主題、打贏業界矚目的官司、突破產品研發技術瓶頸、為自己服務的企業再爭取幾張大訂單……。聽著他們對話，我有時也感到嚮往：我是否也該追求這樣的成功？

聚光燈下，市井街邊

哈佛人際圈之外，我還有很多各色各樣的朋友。他們不是商場與知識界的菁英，但

Shelton 詹斯敦

上」，我光想就受不了。

在那時候，我人生的支柱崩毀了一根，第二根也搖搖欲墜……

三十六樓到地面的距離

我們找遍了各地聽損兒醫療、復健資源，最後考量台灣雅文基金會是全亞洲聽損兒關懷、復健方面最完整、先進的機構，加上台灣電子耳手術技術先進，於是決定讓衛斯理回到台灣接受治療。

這時，有個選擇無法迴避。

Xuan 劉軒

各擁一片天。

在我擔任電視、廣播節目主持人時，所認識的一些演藝圈前輩還有明星。身為名人，他們身上永遠是潮流精品。他們沒有拍戲、巡演時，會出席精品的品牌派對活動，或是三五好友聚在高檔酒吧。

他們也在為目標不斷努力著：爭取拍一部好戲、下一首單曲點閱破千萬、ＩＧ再增加一百萬粉絲，或是拿下華語界的演藝大獎……。聽著他們對話，我有時也感到嚮往：我是否也該追求這樣的成功？

我該讓亞曼達帶著孩子回台北治療，我留在上海繼續打拚我的事業？還是我們全家一起回台北生活？若是回台灣，我好不容易建立起來的事業該怎麼辦？

這個事業，可能改變大中華區的產業運作，可能成為和阿里巴巴、甲骨文一樣世界知名的大公司。經過五年奠定基礎，我已經爭取到可口可樂、京東、海爾這樣的指標性客戶，每年營業額都會翻倍飛升……。

在這個時刻，我難道要放下這間我一手創建、前景無窮的公司？

最後一類人是我從事ＤＪ工作時認識的。有些是到夜店打工的年輕人，有些是來台灣工作的外籍人士。每週末，他們固定在夜店出現。

他們多半秉持波希米亞式的人生觀，活在當下。他們不關心股市漲跌，不追求官位升遷。他們教英文、接演出，週末徹夜派對後直接去衝浪，只求活得快樂、瀟灑自在。其中許多人甚至是博學多聞、知識閱歷極廣，富有哲學深思，是我非常喜愛的朋友。

他們也在為目標不斷努力著：今年讀完十

Shelton 詹斯敦

我在上海一手創立的公司辦公室，看著窗外熙熙攘攘的景像，以及遠處我們一家四口生活的高級住宅。突然間，腦中浮現了兒子的可愛臉蛋。我知道我不能丟下他，我必須跟老婆一起照顧他，陪伴他度過術後的復健之路。

但是，當我卸下了執行長的頭銜，我算什麼？我放棄了畢生追尋的成功，不會再有第二次這麼好的機會。

懷抱著複雜的心情，我在衛斯理聽損確診後的一個月內，把一手建立的公司賣掉，也脫手了上海新天地的房子，帶著妻小搬

Xuan 劉軒

部小說名著、到大堡礁潛水、到瑞典看極光、創作新曲子……。聽著他們對話，我有時也感到嚮往：這好像也是我所羨慕的成功？

人生百態。每一類人都有自己的成功想像，我好像都可以欣賞與羨慕。但我自己呢？我是哪類人？我要追求什麼樣的成功？

我日益發現，遊走在各種群體之間，我原來是童話中非獸非鳥的蝙蝠！

回台灣。

那時的我以為，只要全家人在一起，一切都會變好。我內心僅剩的一根支柱，支持著我的自信與自尊。

曾經的美好，已無可救藥

我始終認定，美滿婚姻是成功男人的標配。看看美國前五百強企業的執行長就知道，幾乎每個男性執行長都有一張這樣的照片在網路流傳：老婆依偎在事業有成的老公身旁，露出幸福洋溢的笑容，孩子牽著父母親的手也笑得好不開心。

接，我都接！

因為沒想法，所以什麼都做。

我回台灣後，遇到了做ＤＪ的機會。太好了，我接！十多年來的ＤＪ生涯很有趣，也闖出一番名號，但隨著成家、年齡增長，我也不可能常常在夜店台上跟大家一起嗨吧？

先後屢有出版社邀我出書。可以，我寫！雖然先後寫了十幾本書，有幾本賣得還不錯，但我真的寫出了什麼具代表性的作品嗎？我心裡也一直不踏實。

我們家也有一張那樣的照片，曾擺在上海高樓的辦公室桌上。

為了照顧衛斯理，我與亞曼達都已筋疲力盡，到後來，我開始逃避。我以當時職務需要頻繁出差為藉口，把兒子丟給亞曼達或是我的父母親照顧。

每個月三、四次，我飛到世界另一個地方，躲進會議、美食、美景中。台灣家中的問題就暫時與我無關。

回到家，我也選擇無視亞曼達的憤怒與冷眼。我們彼此都知道，我們的婚姻早就亮

有電視、廣播節目邀我當主持人。可以，我試試看！那段時間，曾經曝光率很高，走在路上越來越多人會認出我。但只要在公眾面前，我都覺得好累。其實我真實的人格並不活潑，在他人的注視下，我必須戴上一副面具，扮大家想像中的「劉軒人設」。

我的個性不適合台灣演藝圈生態。我台語不好，也不擅長挖苦、開黃腔；綜藝感差的我，在演藝圈並非像大家看到的那麼如魚得水。

也有時尚雜誌邀我當總編輯，這正是我感

了紅燈，而我的逃避，正是摧毀我們婚姻的絕佳催化劑。

「你覺得照顧小孩是我一個人的責任嗎？」某天我出差回到家，她坐在沙發上冷冷地問我：「每天無止境地哄睡、泡奶、安撫、接送、睡覺被打斷……你知道一個人當全職家庭主婦是什麼感受嗎？這是你當初和我結婚時承諾的生活嗎？」

我無力、也無法反駁，鬆開領帶，放下公事包。

她接著質問：「你全世界到處開會，我卻

興趣的，我來！但不久就發現，看似風風光光的雜誌總編輯工作，也隱藏著我無法接受的職場生態。我的每日行事曆塞滿無止盡的應酬。時不時必須出席某某品牌記者會，或是下班被公司高層邀請去跟陌生客戶吃松露大餐。有許多收不完的公關禮品、宴會招待，卻沒有我所期待的議題設定、文稿編審……。為何如此？

如果找不到一個讓我可以全心投入的志業，那我就多接幾個工作項目吧。

為故宮博物院的動畫片編曲？我行！

Shelton 詹斯敦

放下工作，配合你的事業。這公平嗎？你以為我都不知道你在外面幹什麼嗎？」

我又無法反駁。我想再次承諾她一切會好轉，但我說不出口。

當她遞給我一份文件：離婚協議書，我才驚覺太遲了。人生的最後一根支柱，在那時完全斷裂、坍塌，而且是我自己推倒的。

遇見人生的教練

小孩聽力受損、事業歸零、婚姻破碎，頓時間，我的人生就像沒了舵的船，不知漂

Xuan 劉軒

中國大陸的演講節目來邀？我去！

當談話綜藝節目主持人？我做！

去校園社團演講？我接！

去墾丁春浪萬人派對放歌？我衝！

我好像什麼都能做，做什麼都能成，開掛斜槓到天邊。一直到現在，很多人都還視我為斜槓代表（雖然一直以來我從不這樣認知自己）。

但許多年來，我的工作和生活只能用一句

向何方。

我知道我得負起身為父親的責任，養育、照顧好兩個孩子；也知道我得重新建立起我的事業，才能給孩子更好的生活品質；更知道我不應輕言放棄婚姻，而要努力跟亞曼達溝通，讓我們的婚姻有延續下去的可能。

但，我什麼都做不到。

那時候的我，已經可以明顯感覺自己的人生出了問題。於是我開始找尋專業協助。前前後後，我找了兩個心理醫師、請教過話形容：

「忙到快沒了自己。」

遇見人生的教練

二〇一六年某天，我在台北松山機場貴賓室巧遇演藝圈的前輩——王偉忠，他將身旁另一位在等飛機的男士介紹給我認識：「軒，這位是詹斯敦。」我們留下對方的聯絡方式後，卻多年沒有聯繫。

闊別多年之後，我們與共同朋友相約聚餐，辦在詹斯敦家。餐會快結束時，我稱讚詹牧師，試圖從他們口中找到我人生的解答。他們給的建議都很好，但我沒有力量去實行。各種鼓勵都起不了作用，我的人生依舊糟糕無比。

我所不知道的是，我那糟糕到極點的狀態，全都被我爸媽看在眼裡。我爸甚至在鄰居面前悲傷落淚，因為他知道我的家庭遇到困境，卻不知道如何幫我。鄰居聽聞，介紹了一位「人生教練」麥克斯（Max）給我爸，說他可以幫助我。

當我爸跟我提及時，我連什麼是人生教練

斯敦的小兒子：「你知道嗎？你兒子是我見過最乖巧的小孩，都不哭鬧！」那時我並不知道他兒子其實聽不見，而詹斯敦就只是笑笑地說謝謝，也看不出他有什麼異狀。

二〇二〇年底，我接到詹斯敦的電話：「約吃個飯好嗎？」

見到面的時候，我原本以為他開口會說他最近在臉書上的那些精采生活，像是打拳擊、開心地全家出遊……。沒想到，他第一句話竟是：「我離婚了。」

（Life Coach）都不知道，只知道死馬當活馬醫，如果對方的方法真的有那對鄰居夫婦說的那麼有用，我何不試試看？

沒有想到，我的人生真的在教練的指導下，發生徹底的變化，生命中的一切事物開始走向正軌……

正當我驚訝的時候，他說明了希望我幫的忙：他新書《千分之三的意義》將要出版，請我幫忙寫推薦序。為了讓我了解這本書，他娓娓道來過去五年的人生變化。

從事業頂峰跌落地面，孩子的困難與婚姻的破碎——他的人生轉折是多麼急遽，他的語氣卻是輕鬆淡然，神情溫和開朗。從他奕奕的神采，我真無法想像他經歷了這一切的打擊。

詹斯敦看出我疑惑好奇：「你知道我為什麼現在狀態這麼好，甚至可以很平靜地跟你說這些事情嗎？」我搖了搖頭，他接著

Xuan 劉軒

講：「是一位人生教練幫助我重回人生軌道。」

「這就有意思了。」我心裡想：「人生教練竟然有辦法在短短不到半年時間內，幫助他從全然破碎的人生低谷，重新走上常軌，甚至比以前更好。他還因此跑去上課，考了人生教練證照。這簡直不可思議。」我當時正處於極度混亂當中，我一直發問，請詹斯敦告訴我更多細節。

原來，人生教練方法論，和我多年來研究的正向心理學有大量重疊之處。可以說是把學理化為了一套實踐系統。加上我很清楚知道，雖然我有心理學的專業，但再厲害的心理醫師也會需要心理諮商，如同運動員需要定期接受運動治療、按摩，幫助肌肉放鬆、恢復活力。我相信每個人都會需要另一個人來幫助自己變得更好。

思前想後一整晚上，隔天早上八點半，我打給詹斯敦：「要不，你來當我的人生教練吧！」

男人，你要成為超男

我們兩個，一個歷經事業歸零、婚姻破裂、兒子聽力受損等重大打擊；一個忙到不可開交，卻少了時間釐清自己，從容地面對事業和生活。

我們先後都因為人生教練的幫助，而重新找回生命的主控權。

我們的身體變得更加健康，更有活力，外在形象也更上一層樓，對自己更加自信。

我們的事業變得更上軌道，清楚理解自己奮鬥的目標，還有事業帶給自己和社會的價值。

我們的家庭變得更圓滿，能夠以互相尊重的方式向家人表達自己的感受，也懂得聆聽、回應家人的需求與期望。

第三章

男人「身」要能迎戰困難險阻

詹斯敦／救命大作戰

中年，不能肥胖大叔

在我人生的谷底，兒子被確診極重度聽力受損、事業歸零、婚姻終結，我已經對人生徹底放棄，更不用說運動、保持身材。

那一段黑暗時期，只要有機會，朋友一約：「欸，詹斯敦，出來喝酒啦！」我總是二話不說跟他們一起出去飲酒作樂。平時三餐也隨便吃，垃圾食物樣樣來，最後整個人腫了一大圈，胖了超過十公斤。

劉軒／身體大醒悟

難道能勝過年紀嗎？

某天在家中，我全身放鬆地半躺在沙發上看著電視，此時老婆經過，停下來指著我微凸的小腹：「要注意一下囉！」

我無可奈何地撫肚嘆氣：「年紀到了啊！」

三十五歲以前，我是怎麼吃都吃不胖的體質，從不忌口，也沒有固定的運動習慣。不可年過三十五，肚子開始慢慢跑出來。不這樣的生活模式還有飲食習慣，讓我無時無刻處在十分疲累的狀態。每天一早起床就無精打采，吃完早餐就想躺回床上。

為了讓自己打起精神，照顧孩子以及處理工作，我必須喝大量咖啡提神。到了晚上，再跟朋友去夜店、酒吧尋歡作樂。白天我咖啡因成癮，晚上靠酒精麻痺自己。

這樣的日子持續了將近三年。

時間一久，我感覺身體越來越虛弱，經常頭痛欲裂、消化不良、容易拉肚子。感冒也變成家常便飯，輕則喉嚨痛、流鼻水；

Shelton 詹斯敦

僅身材走樣，體檢報告也出現幾個以前從未看過的紅字，以無聲的方式告誡我要注意身體。

但我沒放在心上，畢竟哪個中年男子體檢報告沒幾個紅字的？更何況，我工作忙到不可開交，男人拚事業都來不及了，哪來時間健身練腹肌？所以我沒有把微凸的肚腩、體檢報告的警示當一回事。

在我看似灑脫的心態背後，卻是對恐懼與不安的逃避。

年輕的時候，在夜店當DJ，嗨個三天三

Xuan 劉軒

重則發燒、渾身無力。

我的身體就這樣一日一日肥胖衰弱，直到人生教練麥克斯逼我面對現實。

「詹斯敦，你知道自己的健康現況嗎？」在第一次的教練課程中，麥克斯盯著我的雙眼問。

「其實……我很久沒有健康檢查了。」我低聲回答。

於是，預約健康檢查成了我那星期的作業。

夜都不累。就算熬夜，隔天睡晚一點，精力又回來了。但是三十五歲之後，我深刻體會到，我這顆人體電池的蓄電力已經嚴重下降，時常感覺身體不是自己的。

我的能量流失之快，常讓我詫異又沮喪：「年紀到了，真的就只能認輸嗎？」

常想起在哈佛度過的冬季，冰天雪地的凌晨，外頭零下十幾度，一個愛爾蘭室友不知道哪根筋搭錯，總愛叫上我：「喂，要不要出去慢跑？」

「你在跟我開玩笑嗎？你可知道現在外面

Shelton 詹斯敦

一棍敲醒夢中人

一星期之後，坐在診療室，我聽著醫師逐項說明，心中既自責先前的放縱，又慶幸及早發現。

那時，我已體脂肪過高、膽固醇過高、高血壓、脂肪肝、瀕臨痛風邊緣等等……，我的身體狀態已東破西壞，岌岌可危。

雖然我心中知道，我需要立刻改變生活方式。但當天回到家，剛好朋友打電話來約晚上喝酒，醫生講的話隨即拋到腦後，報告往桌上一扔，我想都沒想：「等我。」

有多冷？」我用像是看待瘋子的眼神對他說，他則笑笑地用他強而有力的手，把我從床上拖起來，說：「你覺得冷，正是因為睡太多啦，走！」於是我莫名其妙地就被他拖出去，在寒夜裡沿著結冰的查爾斯河慢跑。

如今想來，那個年輕的自己，真的永遠離我而去了嗎？

Xuan 劉軒

雨天山頂，瘋狂的大老闆們

我的第二個孩子出生後，恰逢我的工作高峰期，生活、家庭、事業上的責任湧現，潛意識中，我知道不能這樣對待自己的身體，但我做不到。我像灘爛泥，無法將自己撐起來。

在下一次的教練課程中麥克斯聽聞我沒有運動的意志力，竟沒有指責，反倒給我紙筆：「寫下你對自己的身體狀態，有什麼樣的目標和願望。」

我拿起筆，遲疑良久，緩緩地寫下：「我深愛的女人離開了我，讓我自信心受創，也懷疑我是不是老了沒有魅力，才導致她不再愛我。我的身體變得越來越不好，我對所有事情都提不起勁。」說完，雙眼止

我當時的生活真的可以說是一團亂。

在某次聚會上與一位長輩聊到當時的處境：「我簡直快忙得喘不過氣。」他聽了笑笑地說：「我週末帶你去一個人生道場，保證讓你通體舒暢、神清氣爽。」

正當我還在疑惑，他直接拒絕被我拒絕：「星期六，五點半，我開車去接你，起得來嗎？」我面有難色地答應下來。心想，哪個人生道場這麼早開？

週末清晨五點，我按停鬧鐘，聽見窗外嘩啦啦的大雨聲，翻出手機，滿心期待這位

Shelton 詹斯敦

不住流淚。

「這是你愛的女人，想看到的樣子嗎？」人生教練問。

這句話震動了我：「她現在是一名健身教練，天天維持與運動，身材越來越火辣，散發出無比自信。對比之下，你看我肚子這麼大，不要說吸引異性注意，就連我照鏡子，都覺得鏡子裡的那個人很可悲、很醜陋、很糟糕。」

「如果你不改變，會有什麼後果嗎？」

Xuan 劉軒

長輩傳訊息取消當天行程，卻沒看到任何來自他的訊息，我暗自罵了一聲：shit。百般不願意地起床，梳洗穿衣。

這位長輩很準時地在五點半抵達，丟了一件連身車衣給我，問道：「你家有沒有自行車？」我點點頭。

「那你上去換衣服，順便把車牽下來，我等你。」當下我已感覺不對勁：「搞什麼東西……」這句話卻只敢吞在肚裡，又上樓換了車衣，牽著我那台積滿灰塵的自行車下樓，架在他車上。

我想了一下，開始緊張得發抖：「她正跟一位從史丹佛大學畢業的醫生約會，現在正一起在某個海島玩樂。當他們在碧天白雲下漫步沙灘後，有什麼樣的曖昧互動。我現在光是想，就火冒三丈。」

麥克斯點點頭：「那你現在有改善健康與體態的動力了嗎？」

我點頭，在紙上寫下：「把老婆從其他男人身邊追回來。」筆尖差點劃破了紙面。

這句話，成為我每天運動，找回健康與好身材的最大動力。

車開到外雙溪，雨仍持續下著，卻有一群人聚集在橋邊。下車後，他介紹我給大家認識，一邊對我說：「今天目標很簡單，騎到上面就好。」我不解地問：「上面是哪裡？」他指著被雲霧繚繞的山頭，理所當然地說：「風櫃嘴啊！」

想當然耳，我是完全沒有概念風櫃嘴在哪的。當下我瞄了一下其他人的服飾與裝備，顯然都是有備而來，無不是專業的車衣、安全帽、單車用水壺，還有專業的公路車。我再看一眼我那台有如坦克車的自行車，心想完蛋了，待會肯定是場硬仗。同時心裡也相當不開心：「為什麼天沒亮、大雨

Shelton 詹斯敦

重拳出擊，夢想可及

人生教練麥克斯一步步引導我，從覺察自己的身體健康狀況，找到重拾健康的動力與目標。此時我的破敗身體就像被重新修好了引擎，驅動我展開各項行動，替自己建立更好的身體。

在每次教練課程之中，我和麥克斯討論對身體健康設立的目標，以及為了達到目標，我預計要做的運動項目還有飲食計畫：

飲食部分，我寫下：「週一到週五練習間歇性斷食法（一六八斷食法），中午十二

Xuan 劉軒

天，在這邊騎自行車！」

外雙溪到風櫃嘴那段路，除了我們這群「中老年人」，還有許多自行車友也在綿綿細雨中練車。路上聽聞同行的車友說這裡路況佳，且有一定坡度，是相當好的鍛鍊場地。

然而對於我這個沒有運動習慣的人來說，那就是地獄。

我咬牙、忍受肺部與大腿像要爆開來的痛苦，踩著沉重的踏板。此時，那位前輩騎到我身旁，對我說：「如何？有沒有覺得

點吃第一餐，晚上八點吃第二餐，之後直到隔日十二點都不能再進食。」

運動的部分，我寫下：「每週兩次有氧及無氧運動。有氧包含網球與格鬥，無氧以重訓為主。」

寫在紙上的文字，對麥克斯說出口的承諾，神奇地成為我的行動推力。我找到廣受好評的健身教練，透過健身教練的專業，指導我鍛鍊全身各部位的肌肉。我的體脂從百分之二十六降到百分之二十，肌肉量也從百分之六十增加到百分之七十三。當我體態恢復、體力增強，我變得更有信心面

現在的人生很簡單，你不是前進就是後退，你想怎麼做？」說完他一溜煙就丟下我，輕輕鬆鬆超越了我。我幾乎想停下、掉頭下山回家。

突然間，我想起了那些在波士頓寒冬深夜慢跑的夜晚。也想到那個愛爾蘭朋友。我幾乎能看到，他看到我放棄，嘲笑我窩囊的戲謔表情：「劉軒，現在可不是零下十幾度，不過就一點小雨而已！」我吸氣，咬牙苦撐。

最後，我竟然一次都沒停，順利騎達風櫃嘴。

對生活的各項挑戰。

我星期六還會帶著孩子一起運動，除了讓自己變健康，也培養孩子的運動習慣，更重要的是，我們的親子關係也變得更好。

除此之外，我還意外愛上格鬥。在一次偶然的機會，我認識了台灣知名格鬥教練黃育仁，看到他比賽影片，那種真男人的帥氣，讓我好震撼。我在教練課程中寫下目標：「我要成為那樣的男人！」

於是我主動聯繫，邀請他擔任我的格鬥教練。從一開始弱不禁風的出拳，到後來可

大夥在風櫃嘴涼亭下吃著早餐聊天，我才知道在場很多都是企業家，或是高階經理人。我大開眼界，驚訝於這些大老闆們，週末竟然沒在家補眠，反而跑來這個地方騎車。

感受自己man爆的瞬間

看到這些大老闆犧牲寶貴的睡眠時間，一起相聚騎車，讓我開始反思，這麼做的意義是什麼？正當我這麼想的時候，我已經感受到那天騎車之後身心靈狀態的轉變。

我發現自己思緒異常清晰，可以清楚感受

以堅定且迅速地配合教練動作反應。我意識到，原來我是有力量的，我的身體由我掌控。每一次出拳，都是一次重新確認自己力量的時刻。

我已不再是那個臃腫、毫無自信的詹斯敦。透過人生教練的一系列引導，我逐漸明白，沒有健康的身體，就無法擁有良好的耐受力以及自信心，在人生的其他面向，如事業、家庭、社交等等亦是如此。透過拳擊，我知道面對強敵，出拳必須快狠準；在重訓的過程中，讓我更加明白，我唯一需要跨越的障礙是自己。

到每一口呼吸、每一個毛細孔被涼風吹拂的感覺，那種神清氣爽、通體舒暢的痛快，自從波士頓深夜慢跑後，我再也沒有感受過了。

被這樣的狀態吸引，我開始思考，如何讓這樣的狀態時常出現在自己的生活中。於是我開始跟著他們一起騎車，甚至立下先前想都想不到的運動目標。

在那之後，騎單車成為我假日常態活動，卻無法在速度上進步。有幾個固定一起騎車的老闆看我陷入瓶頸，對我說：「劉軒啊，你去找個教練鍛鍊一下核心跟你的體很少告訴別人，我心底深藏了一個夢想：「我希望我將來可以不用拄著拐杖，陪女兒走上紅毯，陪她跳第一支舞。」我曾經恐懼等不到這天，現在，我充滿信心。

休息，不是當一攤爛肉

在我取得人生教練資格後，輔導過多位人們口中的成功男性，像是科技新貴、投資顧問、市場調研專家等等。個個身家破億，但沒有一個人把運動跟健康飲食當一回事，他們的人生字典更沒有「休息」二字。許多男人把運動視為一件苦差事，休息就

Shelton 詹斯敦

能，對你肯定有幫助。」

我接受了這個建議，找了教練替我進行鍛鍊計畫。經教練評估，才發現我的核心奇弱無比，幾個簡單的動態平衡撐立不到幾秒就氣喘如牛。但我也慶幸有找教練協助，因為在他的幫助下，讓我更認識自己的身體，懂得善用不同肌群。

在四十歲那年生日，我到台東參加了人生第一次三鐵，老婆跟小孩也一起去。當我在活水湖中游泳時，老婆騎著腳踏車載著一對兒女在岸邊跟著。每一次抬頭換氣，都可以看到他們在湖邊關注著我的比賽情

Xuan 劉軒

是把自己當作一攤爛肉，躺在沙發上看電視、滑手機、玩手遊。

一位科技集團的總經理，他年薪上千萬，住在竹北豪宅。他告訴我：「教練，我沒有時間運動，也不想運動，每天回到家後只想趕快洗澡躺到床上看電視。但我又很怕小孩被我影響，健康習慣和我一樣糟。」

我說：「你先把每天的行程寫下來。」

仔細觀察，我發現他們確實行程滿檔。但每天在孩子上學前，其實有一小段空檔可以用來慢跑或是做其他運動。

況。

後來偶爾也會去練拳擊，並開始舉重。我尤其建議男性練舉重，雖然練完肌肉酸痛，感覺全身癱軟，但是睪固酮上升會讓男人自信心「爆棚」，覺得自己「好man」，感受到前所未有的成就感與信心。那種感覺，是我在任何運動當中都未曾感受到的。

內在顧好，外在跟上

還記得第一次上人生教練課時，思考在體態方面我要設定的加強目標。看到眼前的詹斯敦，我突然意識到：「我平常就是

Shelton 詹斯敦

我不斷跟學員強調：「如果你認為休息是癱在沙發上看電視，那叫作逃避。」

男人下班後，完全放下工作，專注地運動、陪伴家人或是從事休閒娛樂的時候，你工作上的壓力才能逐漸釋放。那一刻，才是真正有益健康的休息。

很多當爸爸的男人，下班回家一邊陪孩子玩，一邊滑手機處理公事，看起來是在陪小孩，但腦袋裡裝的還是工作。我也曾經是這樣的父親，我很明白，那樣根本不是真正的放鬆。因為這樣做等同把事業跟家庭混在一起，到頭來沒一件事做得好。我

Xuan 劉軒

T-shirt、帽Tee、棒球帽，也許在服裝打扮上，我該加強了。」

如果你有看過詹斯敦的臉書，應該可以發現，他是一個相當有個人風格與態度的男人，他的衣著品味很好。我最近跟他講：「Man，你就像一個義大利男人，怎麼有辦法穿出這種休閒紳士感？太帥了！」他不好意思笑了，對我說：「劉軒，你也可以的。」

在一起設定目標之後，我開始一步步進行形象改造。隨意穿搭的習慣維持了快五十年，但只要一步步調整，竟也能踏進一片

們的大腦也無法獲得真正的休息。

所以我建議那位科技集團總經理：「你要不要每天提早起床，趁孩子上學前，帶他們一起去跑步？」他一開始有點抗拒，但因為在教練課中定為目標，他必須確實執行。久而久之，早起運動成了他與孩子們的習慣。

他後來跟我說：「教練，我真的是很謝謝你，我孩子的睡眠品質、體力都有顯著的優化，我也因為有了運動習慣，精神、氣色都變好。」

新的領域。

二〇二二年GQ Suit Walk活動，詹斯敦應邀出席，最終獲選最佳穿搭獎得主。他拉著我一家參加，甚至幫我們父子倆挑選了衣服，打造出亮眼的造型。我還記得那天要出門前，老婆看到我們的打扮，發出「哇！」的驚呼聲。那一刻，我真是覺得自己帥透了。

透過人生教練有系統的改變，我建立運動習慣，再打點好自己的外在形象。這個過程，讓我知道身為一個男人，當身體與形象進步改善，會從內而生地相信自己能克我聽了非常開心，又多一個男人，和我一樣享受到健康身體帶來的好處。

服困難，達成目標，面對這個世界的風雨時，更能顯得從容不迫。

Suit Walk活動之後，我在臉書上貼了我與兒子的合照，因此收到好多誇獎與稱讚的訊息或是留言。我才知道，原來我一個邁入中年的男人，也還有被說帥的時候。當我望向鏡中體面的自己，都忍不住覺得：「欸？挺像樣的！」

那種感覺，真不錯。

超男的身體形象進化論

就我們觀察，相較女性，台灣男性普遍較不注重打扮，而且就算男人到了中年，身材走樣，也比較不在意。我們輔導過的男性學員，多數人覺得穿搭很花時間，也很花錢。更甚者，會認為男人為何需要打扮，手上的勞力士綠水鬼、車庫的賓利跑車就足以代表一切。

但男人真的不用注意健康與身形嗎？男人不需要打理外表嗎？真的很花錢、花時間嗎？

面對真實，可別太遲

男人如果沒有保持良好的運動、飲食習慣，過了四十歲，體檢表很少沒有紅字的。但我們往往心存僥倖：「應該還不嚴重吧？以後再運動、改善飲食，就能調回來吧？」我們明白，因為我們曾經也是這樣，我們所教練的男性學員，也全是這樣。

在劉軒辨的工作坊中，他只要一上台，放眼看去，就可以看出哪些學員可以獲得最多收獲、保持最佳狀態。「他們的體態和眼神已經表露一切。有幾位明顯看來缺乏運動的，會在學習中更容易走神、尤其午餐後會打瞌睡，即便自己很努力想要維持清醒。我在工作坊之後，都會給學員們一個運動挑戰帶回家實踐，並且強烈建議他們：一定要建立起運動習慣，哪怕每天只是十分鐘，都會帶來很大的幫助。」

詹斯敦認識一位四十歲左右的財務分析專家，他靠著投資快速致富，已經財務自由，成為許多人羨慕的對象。某次聚會，他認識了詹斯敦，深深被詹斯敦散發出來的氣息還有正能量吸引。他非常好奇：「你怎麼有辦法把自己維持在這麼好的狀態？我總是覺得很累，對什麼事都提不起勁。」

當他了解詹斯敦的改變，那位男性立刻詢問：「那我可以請你當我的人生教練嗎？」

第一堂課，詹斯敦請他回答對於身體形象的檢核表，並給他回家作業：「你先去做身體健康檢查。」該學員聽到健康檢查，面露難色。正如詹斯敦所預料的。

我們常看到很多長輩不願意做健康檢查，其實是不敢，也不想接受自己的身體狀況；年輕人更不用說，仗著年輕，認為健康檢查是一個浪費錢的事，但往往很多潛在疾病都是因為年輕時疏忽而導致。

該名學員在詹斯敦的要求下，最後還是乖乖地預約了健康檢查。下一次上課，還不待詹斯敦詢問，他先哭了出來：「醫生說我有骨質疏鬆症⋯⋯。」骨質疏鬆症一旦發生，再也無法恢復，只能想辦法減緩惡化。對一個四十歲的男人來說，這是多麼晴天霹靂的事。

身體，你的責任、你的基底

詹斯敦邀請他寫下對「身體形象」的目標與期望。他有點茫然地看著詹斯敦，因為他從沒想過這個問題。

「只要是跟你的身體有關，你想寫什麼都行。不急，你慢慢想。」詹斯敦將紙筆遞給他。他拿起原子筆，看了那張需要請他訂定目標的問卷，緩緩動筆寫下一字一句。

這時，淚水再也止不住，滴滴答答地滴落在那張紙上。

「我想要活久一點，幫助我的孩子面對未來多變的世界，我要幫他們準備好，迎接各種挑戰。這是我身為父親的責任。」紙上逐漸出現這樣一行字。

當然不是每個人的人生都這麼戲劇性，有可能你的健檢報告只是膽固醇跟體脂肪略高、體重稍微過重一點。但這關係到你想要怎樣的身體？你希望你的身體帶領你走多遠？

我們總會告訴學員，你要承擔起身體健康的責任，但你要先有自覺、為自己定立目標，以及承擔自我健康的責任。

你知道嗎？那個被診斷出骨質疏鬆症的男性學員，他真的開始付出行動，他找營養師幫忙調整飲食，也找了健身教練鍛鍊肌肉，以支撐他的骨骼。他對詹斯敦說：「以前我只知道拚事業，現在開始，我要拚健康，把健康賺回來。」

身體，你的思考、你的天地

許多成功企業家都有固定的運動習慣，就如劉軒的車友之中，多有上市櫃公司的大老闆、高階經理人。但他們還是願意週末起個大早，不畏風雨一起騎單車。再如詹斯敦，帶著一對兒女去打網球，獲得了健康，同時也加溫親子關係。

運動為的或許是身體健康，但除了健康，運動的過程中，激發的成就感、靈感，甚至磨練出的毅力、抗壓性，又何嘗不是個人事業、美滿生活的推手？這也是為什麼，臺大EMBA的畢業儀式中，全體學生必須一起去跑戈壁馬拉松，透過團隊合作，以及馬拉松如此考驗意志力的運動，激發學生的極限與強化心理素質。

無論是學術研究或觀察經驗都會發現，運動帶來極多好處：

● 重複、規律的運動，如跑步、騎自行車，磨練出耐性、高強度意志力，有助於專心一志地做好生活上、事業上每一件事情。

● 考驗技巧或競技性的運動，如登山、攀岩、武術格鬥，訓練抗壓性以及緊急應變能力，有助於生活、事業面對緊急狀況的應變處理能力。

● 團體性運動，如球類運動、團體三鐵，培養團隊合作能力，有助於參與者之間發展深刻的關係。

擁有健康的身體，當身體動起來，活絡了筋骨血液，思想也會變得更正面、開放，同時產生創意想法。反之，當一個人長期處在高壓生活下，壓力促使皮質醇分泌，會影響一連串的身體反應，例如血糖升高，但同時抑制消化系統運作，使胰島素功能失常，長期下來則會引發各種慢性病。人在這種狀態下，也會對思考、創意、判斷力、情緒控制等產生負面影響。

戰袍，你的姿態、你的宣告

男人要衣裝，不（只）是為了異性的稱讚；真正追求的是由內而外、由外而內的實質效益。

英文有一個單字叫wardrobe，意思多指衣櫥或一個人的所有衣服。但wardrobe的前面有個war（戰爭），拆開來看，war drobe令人聯想到「戰袍」。

身為超男，衣櫃裡一定要有戰袍。何謂戰袍？對的場合穿對的衣服，就是戰袍。

穿上戰袍，是對世界宣告態度。如穿上專業的運動服飾，到球場與朋友來場球藝切磋，能展現出你看待這場賽事多麼認真。在商務場合，穿上嚴整的裝束，能向客戶展現你嚴肅看待與他們的合作事務。

在形象心理學的研究中證實，穿著西裝的人和穿著T-shirt的人都闖紅燈，更多的人會跟隨穿西裝的那個人一起違規。同理，如果醫師穿著醫師袍、掛著聽診器，他的診斷會更具說服力。

穿上戰袍，也是對自己宣告決心。在你出門前，一邊慎重地著裝，一邊想著今天要面對的考驗，在逐一扣上鈕扣、拉平外套的過程中，你已經準備好抬頭挺胸地迎戰一切的難關與挑戰。

常有學員問我們：「教練，戰袍要怎麼買？怎麼挑？會不會很花時間、花錢？」

我們總會強調：「其實你平時就可以有意識地打造自己的戰袍。例如，當你翻閱商業類雜誌，看到某個名人穿得很好看，是你理想的形象。不妨把那張照片存起來，並記下那是什麼樣的場合。往後遇到類似場合，拿出以前存的照片，花幾秒鐘瀏覽一下，就可以嘗試穿出同樣的效果。當你看到他人穿某個顏色很好看，也可以記下來，下次到服飾店，嘗試一下自己未曾試過的顏色，說不定會有意外的好效果。」

平常做足功課，打造戰袍就不再是一件花時間的事。詹斯敦以他每天治裝時間為例：

1. 三十秒鐘：看天氣預報
2. 三十秒鐘：看當天行程
3. 六十秒鐘：看穿搭照片
4. 六十秒鐘：挑選衣服

至於花費，以我們今年一起參加GQ的Suit Walk活動中的穿搭為例，詹斯敦的褲子只要兩千元左右，襯衫甚至只要千元出頭而已。如果平常就有花時間蒐集戰袍資料，你會發現有很多平價服飾品牌，提供便宜又實穿、實搭的衣服。

劉軒也認同，更值得重視的是衣服的材質和款式，勝過於品牌。精品並不一定最適合自己的形象，也不一定是最實穿的。不要光是因為週年慶打折就去買一堆穿不到的名牌貨。我們應以「不同場合的成套觀念」來打造自己的戰袍。

當我們把自己打理好，別人眼中的我們就能處在最佳狀態，也能呈現最值得信賴的模樣。

超越自己的男人，從經營身體形象開始

當我們立志成為超越自己的男人，我們要會著重身體的健康與力量，也重

視美感與呈現。

我們會了解自己的身體健康、外在形象狀況，並審視有哪些地方值得優化、改善。

我們會訂定運動、外在形象目標，並搭配實際的目標行動，例如每週固定幾天運動、有意識地收集戰袍。

我們會承擔自己應該要負起的健康、形象責任，如為了小孩的教養、為了自己的專業形象建立。

我們會積極採取作為，例如確實、按部就班地照著擬定的目標運動、學習穿搭。

我們會檢視自己的努力成果，會發現自己成為一個更健康、更有型、內心更加強大的超男。

擁有良好的體態與健康，是我們的最佳內裝，它替我們配備更多自信與動力，迎向各種挑戰；穿上彰顯自我態度，對應場合的衣服，就是我們的絕佳外裝。一個精於打理自己外在的人，更能懂得依照場合穿出最自信的樣子，他的自信會感染身邊所有人。在職場上，他說的話會更有說服力；在社交場合上，他能獲得更多正面回饋；在家庭，他能重燃另一半對自己的熱情。

當一個男人內外裝兼備，從心理到身體隨時都能發揮強勁馬力與高超性能。

他，就是超男。

第四章

家庭經營，男人先發當主力

詹斯敦／成為一家之主

每天睡前最後一件事，我放輕腳步，緩緩開門，不開電燈，替孩子們蓋上被踢掉的棉被。

雖然房中沒有光線，但我可以清楚看到他們的臉、他們熟睡的容顏。

突然思緒回到三十年前初到美國的歲月，我打了個寒顫。

我揮開回憶，摸摸他們稚嫩的臉、胖胖的

劉軒／找到幸福的感覺

週末下午，我關著房門，全神貫注撰寫下星期課程的演講稿。我需要安靜，房間中只有指尖在鍵盤上的按擊聲。

這時背後傳來一陣敲門聲，老婆開門詢問：「要不要和孩子一起吃點心？」我的思緒突被打斷，有點不耐煩地回：「沒看我在忙嗎？不用！」老婆用力關上門。

我突然察覺不太對，有點內疚：好像不該用那樣的語氣吧？

Shelton 詹斯敦

小手，心底重述與孩子們的約定：「親愛的寶貝，我一定不讓你們成為沒有爸爸保護的孩子。」

大城惡夢

「哥哥，我好餓。剛才晚餐沒吃飽……」

在紐約的一個半夜，妹妹睡前發出嗚咽聲對我說。除了握住妹妹的手，我無話可說。因為我也餓著。

十五歲時，我跟妹妹與爸媽遠別，被送到紐約求學，寄宿在一個台灣媽媽的家裡，與她的兩個小孩同住。原先對美國生活的

Xuan 劉軒

此時，我想起童年時的父親。

三輩子成就集一生

在所有我認識的人之中，我父親無疑是最多才多藝，同時又是最努力的一個。

他當年在師大美術系就是個風雲人物，不但水墨畫得獎，還主演舞台劇、指導詩文朗誦。因為他出眾的口才，畢業後就主持了三台聯播的「全民自強晚會」，一炮而紅，隨後則成為中視的主持人和晚間主播。在他擔任記者的五年內，被當時權威的《綜合電視週刊》選為「最受歡迎電視記者」，

萬般期待，在住進寄宿家庭後瞬間徹底破滅。

晚餐的時候，我和妹妹與屋主家人，各吃不同的食物。他們的餐盤中放的是烤魚、牛排、乳酪；我們的碗中是豆泥和馬鈴薯湯。

飯後，寄宿媽媽不讓我們與她的孩子看同一部彩色電視，我與妹妹被趕進狹小的房間，房中的黑白電視十分老舊，畫面常常閃格。

寄宿媽媽將一張餐巾紙裁切成四等分，規

所製作的節目又獲得第十三屆電視金鐘獎社會建設服務獎，這是許多專業新聞人畢生追求的榮譽。

他最為人們熟知的身分是作家，字面意義上達成了「著作等身」。《超越自己》、《我不是教你詐》等系列勵志書，在兩岸華人之間創下千萬銷量，改變不只一個世代的年輕學子。

他更是純血的藝術家，一輩子鑽研國畫，在作畫與文藝理論都極有造詣，他的畫冊、文藝理論與繪畫指導書籍超過三十五本。

他的畫作巡迴世界各地舉行個展三十餘

Shelton 詹斯敦

定我們每天不能用超過一張。當我們用完衛生紙，上完廁所只好用手擦屁股。她說這叫節約資源。

到了紐約，同學與老師告訴我們許多街區治安極差，經過的時候可能被搶劫，甚至槍殺。上下學，成了緊張危險的事，得隨時留意周遭可能發生的搶劫、騷擾，準備在遇到危險時保護自己與妹妹。

我知道男孩子應該要堅強，應該要承擔身為哥哥的責任，照顧好妹妹。但有一天，我終於忍不住，打電話給爸媽，哭著說：「媽媽，我不想住這裡了。」並訴說我們

Xuan 劉軒

次，為各大美術館蒐藏。

作家、畫家、藝術理論家，他的每一個身分都不是隨意斜槓、淺蘸醬油，而是都做到了精尖。他一個人的成就，拆成三個人花一輩子完成，絕對都算是箇中翹楚。

許多人看到他的光燦成功，而沒看到背後的代價。身為兒子，我看得一清二楚。

某程度來說，我就是那個代價。

的委屈。沒想到電話另一頭的回覆不是安慰，而是質疑及指責：「詹斯敦，你為什麼要說謊？你是不是把零用錢花光光，想要更多錢？」

那幾年，我覺得我們被拋棄了。爸媽把我們放到一個人生地不熟的地方，我沒有感受到他們真正關心過我們的生活。

每次被欺負、挨餓、被不公平對待的時候，我總在忍住哭聲的夜晚裡承諾發誓：「我一定要做個很成功的父親，賺足夠的錢，照顧好我的孩子，絕不讓我的孩子受委屈。」

工作狂一號

父親是真正寒門出身，在他完成美術系學業的時候，有一個貧困的家庭等著他養活。他靠著新聞工作上出色的表現，快速改善生計。我們家從一棟鐵道旁的違章小矮房，搬到台北市忠孝東路上的新落成公寓。

一九七八年，他被推薦到美國維吉尼亞州丹維爾美術館，擔任駐館藝術家。他抓住這個機會，一個人提著兩只皮箱，就這麼飛到美國去。將年輕的妻子和五歲的我留在台灣。

Shelton 詹斯敦

為她著迷，但矛盾對立

我在事業快速起步的階段認識了亞曼達，很快就深深被她吸引。她有亮麗的外表，是個優秀的主播，媒體與傳播經歷出眾。

與她約會的時候，常常不禁想像她挽著我的手走進商務宴會，其他男人必定對我投注羨慕的眼光。

婚後，我很努力地拚事業，希望有一番成就、累積財富、站上高位。「中國這樣的大市場，可以拿到的機會是待在台灣永遠等不到的。」我和亞曼達說：「先放下台

Xuan 劉軒

接下來三年，我沒有見過他一面。

直到我八歲，突然有一天，我被帶上飛機，在美國紐約降落。當我爸看到我時，不是憐愛，也沒有擁抱。他說的第一句話是：

「兒子怎麼這麼瘦？」

那時他透過三年努力，在當地聖若望大學找到一份專任駐校藝術教授工作，也買了一棟聯排住宅（townhouse）的其中一戶，準備讓全家人住進去。

還記得，我不知道要回他什麼。眼前這個人就好像一位陌生的叔叔，但他講的話又

灣的工作，跟我到上海吧。」

我看見了她在答應前的一絲猶豫，卻選擇忽視，對她說：「這只是暫時的，等我們的生活一切安頓下來，你還是可以在中國發展。你會遇到更好的機會好嗎？」

男人有事業心，女人通常都會尊重的。亞曼達也是。

到了中國，我忙於工作，不是在辦公室，就是飛到中國各省或是國外出差。家裡大小事都落到亞曼達頭上。我看她忙，幫她請了管家、司機，還把幾乎無上限的信用

是那麼有力道，威嚴的父親形象很快地重回我的腦海中。

那些年間，我爸忙於教職、繪畫，並且靠寫作增加收入。他長時間將自己關在工作室裡頭，當他將門關上那一刻，彷彿下了一道咒語，家裡的各種聲音必須立刻消失。我會迅速闔上他買給我的鋼琴，走路甚至得踮腳，就怕製造不必要的噪音。

有一次我不小心製造出很大聲響，我奶奶隨即壓低聲音對我說：「小聲點兒！你不知道你爹在忙嗎?!」

Shelton 詹斯敦

卡交給她。我說：「這樣你就不會那麼累了。」

她沉默不語。

後來，我們的關係每況愈下，只要兩人在家，不是吵架就是冷戰。當時我沒意識到，她犧牲了一切，跟我到上海來，卻等不到我的承諾兌現。儘管我給錢，但照顧孩子不是付錢就能解決。身為母親，照顧孩子、安排生活、各方溝通的重擔壓在她身上，她不可能有機會發展自己的事業。

Xuan 劉軒

在我高中時期，我父親在書店偶然看到一本書《洛克菲勒寫給兒子的三十封信》（*The 38 Letters from J.D. Rockefeller to His Son*），蒐集了這位成功企業家父親透過寫信給孩子表露的思維與人生之道。這本書就放在大門口，顯示相當暢銷。

他翻閱這本書，覺得這是個很棒的點子。不久，相似體裁的《超越自己》問世。我發現，自己莫名其妙成了他的創作題材。

我在學校和同學起爭執、功課遇到難關、抉擇出現迷茫，都被他寫進書中。千千萬萬人在看。

家庭主夫，天大責任

後來，因為兒子就醫關係，我們舉家搬回台灣。但我與亞曼達的關係惡化，難以挽救，最後亞曼達和我提出離婚。

我的家庭，四分五裂。

成為單親爸爸，我才理解亞曼達在我忙於工作時，替這個家做了多少事。

早上睜開眼睛，我就必須面對不知道給孩子吃什麼早餐的大難題。更不用提孩子幾點下課、下課後該讓他們做什麼等等。我

秋天，我冒著危險爬上屋頂清落葉，父親忙不迭拿出相機對著我按快門。不出所料，這成了他撰寫「美國年輕人生活」篇章的素材。

漸漸地，我開始不想與他分享我的心事。我不知道，他是真的關心我、想與我說話，或者只是想從我身上挖出故事，報導給他的讀者們。

對這位成功作家、大藝術家而言，一切事物都可以為了工作退讓捨棄。他生活的全部，幾乎被工作填滿。這麼多年，從來沒看過他玩樂或休息。

甚至連他們書包放哪都不知道！

此時此刻，兒子衛斯理正面臨重要的聽力、口說復健期。但在我上班的日子，由誰帶他去上復健課？錯過了腦部發育的時間，即使裝了助聽器，衛斯理仍將沒有聽力與口語能力。

「若我照顧不得當，衛斯理無法順利開口說話，都將是我造成的。」內心深處，焦慮時時刻刻籠罩著我：「我絕不可以成為那個無法照顧、保護好孩子的父親。」

長大後，和他同去中國名勝風景區，名曰度假，但他總要求飯店安排視野最好的房間給他。他就整天待在房裡作畫。

我敬佩他。但也曾望著他的背影，暗自發誓：「我絕不成為這樣的父親。」

工作狂二號

「你會不會太誇張？好不容易把你拐出來玩，你還要工作？」我老婆一邊開車一邊不悅地說。我聽到也不是很開心地回她：「我在做正事好嗎？難道你開車我都不能回個訊息？」

給家人的愛，要用對的語言

接受人生教練麥克斯輔導時，我滔滔不絕地抱怨我父母親早年是多麼失職：「他們把我們丟到那個恐怖的寄宿家庭，還不相信我說的話！從小到大就跟著他們飛來飛去，我連一個家都沒有。那時候我還是個孩子啊！為什麼我身上要肩負那麼多責任？」

麥克斯沒有立刻接話，而是和緩地說：「你要不要試著想想，為什麼當初父母要把你們帶到國外去？」

我老婆很重視家庭時光，希望我們可以定期出遊，增進全家感情。那次我們全家一起去露營，路途中，她開車，我坐在副駕，利用時間在手機上回覆工作訊息。她不高興了大半天。

平常，我很有意識地告訴自己，我不能讓孩子在威權式的父子關係下成長。因此，我很刻意地避免對小孩嚴厲，也希望好好陪伴孩子。

但事實上，我沒有將太多時間分配給小孩。每天和孩子講的話不外乎「作業寫完了沒？」「考試要念的書都念完了嗎？」雖我沉默了好一會兒，努力想像自己是當年的父母親，然後慢慢說出口：「我想……這或許是他們可以想到的最好方法吧。爸有說過，當年台灣外交處境很艱辛，身為中華民國駐多米尼克外交官，他背負了龐大的壓力與責任，到多米尼克維持與台灣的邦交。而我母親也勢必要待在丈夫身邊。」

「你認為父母親的決定是全然錯誤的嗎？」教練問。

再次回顧審視自己的童年，有了與先前不同的結論：「我曾經覺得他們很自私。但

然我不嚴厲，卻也不夠關心。

當我在工作時，我需要百分之百的安靜與專注。任何人都不准來打擾。我爸曾對我說：「男人工作起來，就是要六親不認。」我從不認同這句話，但我的工作模式卻正是如此。

「結婚之後，總是由我安排出遊計畫。我都沒事嗎？我很閒嗎？為什麼出遊都是我的責任，找餐廳、找景點、找飯店，都要由我一手包辦？」那次露營之旅，她不想繼續將不滿忍在心底：「下次你來規劃行程啊！為什麼每次都是我在做？」

現在回頭看，或許這是最好的決定吧。儘管我跟妹妹遇到很糟的寄宿家庭，但他們也有盡力張羅打聽。我們所住的區域是全紐約最高級的地區，我們讀的學校也是全紐約名列前茅的好學校。」

在與人生教練的對話下，我逐漸意識到，原來父母親也是在深思熟慮下做出那樣的決定，更想盡辦法給我最好的資源、環境。

無奈與傷痛已成過去。現在，我已是個成年的男人。我今日的家庭關係，不必被過往的回憶定義。我可以，而且我決定，開啟我與父母親子關係的新篇章。

「跟你出門就像帶一個行李一樣，毫無貢獻。」她忿忿地丟下這句話。

聽到這句話，我痛苦地意識到：「我不正是自己不想成為的那種父親嗎？」

根據心理學研究，原生家庭會烙印我們的個性。爸媽的個性、習慣，多半可以在孩子的身上看到蛛絲馬跡。恐怕，當我的孩子看著我，也會看到我父親那般工作狂的背影。

找回與家人間的親密感

Shelton 詹斯敦

我開始思考有什麼方式，可以拉近我與父母親的關係。教練和我討論一本關於「愛的五種語言」的好書：《愛之語》（*The 5 Love Languages*）。從中我了解到，讓對方感受到愛的方法有五種，而且每個人有感的方式不同：包含肯定的語言、服務的行動、真心的禮物、精心的時刻、身體的接觸。

透過回憶與觀察，我了解到父母想要的事物，藉此修補我們的關係。

我父親比較想要服務的行動。於是我會陪他泡三溫暖、打高爾夫。我媽則是喜歡真

Xuan 劉軒

「天啊！你真的對自己很嚴苛。」詹斯敦看著我寫的評量表驚訝地說。

聽他這樣講，我心裡很複雜。一方面，我發現我真的對自己很嚴苛，但我覺得這樣很棒，表示我很努力、我很認真工作；但另方面，我卻有點想哭。我並沒有想成為工作狂。

「面對工作，一往無前；照顧家庭，心不在焉——老婆可能會這樣描述我吧？」我苦笑。

「工作狂的性格有影響到家庭嗎？」詹斯

心的禮物。她是一個不折不扣的3C迷，對於最新的電子用品都想試試看。於是某年她的生日我送她一台最新的iPhone。還有一次送她與爸爸三十萬元西班牙旅遊基金，讓他們兩老一起旅行、放鬆一下。

有一次我爸傳來訊息：「吃了你送的獅子頭，味道非常正點，甚至比你媽做得還好。」

看似平凡的一段話，卻讓我的心好暖。

了解父母親想要什麼，投其所好，加上逐漸有良好溝通，我們的親子關係變得融洽。

敦接著問。

我說：「我跟老婆愛情長跑七年才結婚，結婚前，我完全不覺得我認真工作會影響我們的感情。但有了家庭後，我才意識到，認真工作竟然會變成我們感情失和的導火線。」

越和教練深談，越意識到，我在家庭中一直處於被動、消極的角色。而維繫家庭關係、規劃家庭出遊，並不該是老婆一個人的責任。她辛辛苦苦規劃了行程，我卻視為理所當然，還心不在焉，也難怪她會不開心。

也不再惡言相向、互揭瘡疤。

從前，我希望他們改變，希望他們順應我想要的、彌補我。可是當我看到他們雙鬢漸白，我意識到需要改變的人是我自己。

我也才明白，原來孝順並不是順從，而是理解。

單親爸爸不好當

明白了父母親的立場，我反思身為一個父親，我是否盡到了我應盡的責任。

Shelton 詹斯敦

我意識到，我也應該要擔起維繫家庭關係的責任。

老婆，我們約會吧

設定好投影機，開一瓶紅酒，與老婆窩在舒服的沙發上，接著打開 Netflix，一起挑一部喜歡的電影，悠哉地度過週末夜晚。

我和老婆定下約定。

幾個星期後，我們的電影約會成為了新的習慣。有天看電影看到一半，她輕輕地對我說：「其實我要的不多，就是晚上一起看個電影，偶爾找間不錯的餐廳約會，每

Xuan 劉軒

當時我完全不知道如何當好一個單親爸爸，明明是我的孩子，我卻對他們的生活一無所知。教練聽到後，請我寫下我對於家庭有什麼目標。我第一個寫下：「我希望兒子在五歲學習黃金時期前能夠開口講話，像是流利地講一篇故事或是念一首詩。」

要達到這個目標，過程中勢必會碰到許多難題。教練請我設想有哪些挑戰，並寫下解決方案。

我想到的最大挑戰，就是不知道他的復健課程該如何安排，我更是擔心我沒辦法時

個月找個週末全家一起出去玩。」

沙發電影時光正是和詹斯敦討論出來的改進方案之一。

第一步生效後，他對我說：「你應該要試著計畫屬於你們夫妻兩人的旅行。」我有點疑惑地問：「不能帶小孩嗎？」詹斯敦解釋：「如果你想要改善與老婆的關係，你們就應該要有屬於兩人的約會時光。」

後來，我傳了訊息給老婆：「我們這週末去高雄玩，如何？」我還特別強調「就我們倆」。她很快就答應了。我上網找高雄

Shelton 詹斯敦

時刻刻陪伴他、幫助他練習。於是我計畫上家教網尋找高評價的家教陪讀老師，並擬定送衛斯理去上課的交通路徑與所花費的時間，萬一我沒辦法帶他去，必要時委由我父親幫忙。

當解決方案一個個經由筆墨出現在紙上時，我發現我的心安定許多，一點也不慌了。

這時起，我終於有把握當一個不失職的單親爸爸。

一個週末，我邀請亞曼達到家裡，參加一

Xuan 劉軒

有哪些不錯的餐廳，訂好位，給她一個驚喜。

積極態度在老婆身上收效後，詹斯敦提醒我別忽略其他家人：「試著針對每個重要家人，例如父母親、小孩都規劃具體的改善關係方案。前提是，方案對他們來說不會構成負擔，必須要是全家人都能樂在其中的。」

拿起筆，我第一個寫下的是希望父母親可以放鬆地享受我幫他們安排的旅程。

我之所以這麼希望爸爸可以放鬆，是因為

場「成果發表」。

在離婚後，亞曼達已另有住處，不常來我住的家中。她這次造訪，反而有點像客人。她踏進大門，眼神掃過客廳與廚房，走進孩子房間，看了看孩子的臥室、衣櫃、書房，隨手拿起作業本翻了翻。她慧黠地微微一笑，似乎是說：「單親爸爸，持家也很罩嘛。」

全家人坐定位後，衛斯理走到客廳正中間站定，開始背誦李白的〈靜夜思〉。

由於衛斯理學說話較晚，聽力也不如常人

我媽很容易被他的情緒影響，要是我爸處在緊繃的狀態，我媽也不可能放鬆。因此，我不斷努力安排他們可以好好享受的旅行，像是帶我爸到他與我媽從前約會的老地方——日月潭；或是帶他們一起去到澳洲黃金海岸，在臨海的飯店享受度假的感覺。

對於我的家庭，我希望我們全家可以一起完成一件有一點難度與挑戰性，甚至是仰賴團隊合作才能完成的事情，例如騎單車環島。

為了早日成功騎單車環島，我們會趁週末

Shelton 詹斯敦

清晰，我們知道他的ㄓㄔㄕㄖ等捲舌音、ㄗㄘㄙ等平舌音、ㄢㄤㄣㄥ等鼻韻音，發聲都比較吃力。

當他一字一字讀起詩句，我們驚訝了。「床」、「光」、「霜」等不易準確發聲的字，他的發音都相當標準，四聲明確，表情自信而從容，與一般孩子無異，抑揚頓挫的細節甚至表現得更好！

我與亞曼達看向彼此，她眼眶泛出淚水，我的視線也模糊。我倆一起轉向衛斯理，給予他最熱情的掌聲。

Xuan 劉軒

好天氣，帶兩個孩子到河濱公園練習騎腳踏車。在河濱公園騎單車時，我聽見孩子自在與快樂的嬉笑聲，歡快情緒感染了全家人，讓我壓力全消。

徐徐微風吹拂，潺潺溪水流淌，柔柔芒葦輕搖。騎著腳踏車，兒子突然說：「有一種幸福的感覺！」

身為父親，這種簡單的幸福感，我會永遠記得。

超男的家庭關係進化論

一個父親工作一整天，拖著疲憊的身子回到家，正想坐下來與家人好好吃頓飯，卻發現小孩一個在房間打電動，一個忙著滑手機。他面露不悅地對老婆說：「怎麼孩子都不來吃飯？」

吃完晚飯，躺在沙發上轉著電視節目時，男人對正在洗碗的老婆說：「你有督促他們寫作業嗎？考試快到了吧？他們小考成績都還行嗎？」老婆不發一語。男人又追問：「上次我看大兒子英文成績不太行，你有教他嗎？」老婆冷冷回了一句：「我英文不好，怎麼教？」男人不開心地說：「你英文不好，就找個家教啊！」

男人氣不過，跑到大兒子房間質問：「成天打電動，你有想過未來要做什麼嗎？」兒子說：「我要當 Youtuber 啦！」男人不以為然地說：「當 Youtuber 你要餓死啊！」兒子不願多說什麼，繼續盯著電腦螢幕。

不出所料，接下來就是一場親子、夫妻大戰，大家各執一詞，吵得不可開交。而這個情景，幾乎三天兩頭就發生一次。吵到後來，各自甩門，一家人乾脆不說話。

華人男性與原生家庭關係的難解之題

上述情境，對你來說是否熟悉？

這是一個我們輔導過的學員的真實案例。

我們觀察到，許多華人男性的家庭觀念，還是受限於他們兒童時期的養育經驗。他們往往承擔了父母親的高度期望，例如要就讀名校、年薪數百萬、社經地位高等等。從小就被灌輸「有成功事業代表一切」的想法，認為凡事以事業為重，家庭其次。

當男性在這樣的傳統家庭中成長，等到他們自己有家庭時，也會在無意識的情況下如法炮製，將類似的觀念強加於自己的小孩。最後，家庭關係當然會出現問題。

事業靠自己，家庭靠嬌妻？

許多男人在外努力拚事業，一回到家就像洩了氣的皮球，衣服沒換、襪子不脫，就癱倒在沙發上。等著老婆把飯菜準備好，最好外加一句：「老公工作辛苦了，已放好熱水囉。」男人回到家只想休息，無心無力關心孩子的學習狀況，更不用說協助分攤家務事。

我們完全可以理解工作忙碌，回到家的無力感。但男人拚事業，家庭的責任就該是老婆的嗎？

我們看過很多案例，男人與另一半的關係緊張，通常來自於雙方對家庭責任的認知不平等。男人覺得，自己努力賺錢養家，老婆就該料理三餐、教育孩子；女人則認為，自己已經盡可能扮演好傳統母親的角色，卻還要伺候先生和公婆，事情永遠做不完。

當另一半跟男人抱怨，男人第一時間反應通常是逃避。但越是逃避，壓力只會越大。

男人，扛起家庭責任

「教練，我的專業是事業經營，家裡的大小事總是老婆在處理，我不知道我在家裡可以做什麼。」曾有學員這樣詢問我們。

談到男人在家庭的重要性，很多人其實並非完全沒有知覺，但為什麼還是會覺得自己無法在家庭中扮演好自己的角色？或是有些男人長大後，不曉得如何當一個「兒子」，只因為與父母親的鴻溝太深，找不到溝通的橋樑。有些父親很關切孩子的生涯發展，既不知如何協助，又怕管太多引起孩子反感。

我們建議，面對父母、伴侶、孩子，不妨換位思考，幫助自己釐清問題點：

● 男人對父母的責任

男人與父母親的失和，通常源自於兒時經歷。往往等男人自己當了父母，就能理解，沒有人天生就懂得當父母親，以及在工作同時照顧家庭的不易。當男人意識到自己已經是個獨立的成人，將可以不再受限於過往回憶，也不必等待父母改變。男人會積極掌握主動權，承擔接起重新建立原生家庭關係的責任。

●男人對伴侶的責任

男人常常想要簡化問題，想要用單一指標證明自己是好丈夫、好父親，而這個指標就是事業。這是錯的。試想結婚前對妻子所立下的承諾，男人要帶給妻子關懷、溫暖，有責任主動經營感情與生活情調。

●男人對子女的責任

孩子不僅僅是母親的責任，男人同樣應該負起陪伴與教導的責任。要給孩子什麼樣的人生體驗？要如何塑造他們的信念與人格？要賦與他們什麼樣的能力以因應未來挑戰？這些問題，身為男人，有義務更有能力，與伴侶一起回答。

讓家庭再次美好

「教練，我不知道如何改善與家人的相處品質。」當學員這樣問時，我們會回答：「不要光說不練，付出行動！」

男人看不慣孩子的生活作息，罵他、念他，把責任丟給另一半；週末想著要與家人多相處一下，腦中思索要安排什麼行程，結果週末一下子就過了；每個月給父母匯孝親費，以為這樣就是鞏固與父母的關係，但雙方可能一個月講不到一句話。這些行動，顯然不會帶來正向效果，男人們，別裝作自己不知道。

家庭可以變得更美好，只要你停下錯誤的作法，願意付出正確的行動：

• 男人對父母的行動

主動了解父母，依照他們的特質與偏好，給予父母他們真正需要的關愛。如同詹斯敦透過愛的五種語言表達自己對他們的愛。

• 男人對伴侶的行動

很多男性以為，與伴侶結婚多年後，激情不再是正常現象。但事實上，互動冷淡絕不可以視為常態。夫妻之間需要刻意製造火花。我們的學員在聽從了建議後，安排與另一半的約會，訂下單獨共享親密的時光，升溫感情，總能帶來互相支持與包容的默契。

● 男人對子女的行動

多多關注小孩正在做、喜歡做的事，多聽他說話，接受他的特質，與孩子一起面對困難、找出方法。子女最需要的是陪伴與支持，不是否定與責備。

為自己的家庭灌輸能量

前述提到的那位企業家，原本不能接受兒子想當Youtuber；在教練引導下，他理解到其實自己的本意不是要禁止，而是擔心兒子的前途，以及希望兒子兼顧課業。當他實際看過兒子的作品，發現兒子的影片架構清楚、詼諧幽默、引人入勝，十分具有潛力。他還拿自己將要投資元宇宙的計畫與孩子分享，兩人因而有了共同話題。

若他沒有邁出這一步，恐怕他仍舊以訓斥的方式管教小孩。現在的他，甚至還會在臉書上推廣他兒子的頻道，邀請親朋好友按讚追蹤呢。

透過教練對話，那位企業家意識到，應該認真安排與另一半的約會，包括挑選老婆愛吃的餐點，以及精心規劃談話內容。回到家後，再開一瓶紅酒，繼續窩在沙發上與老婆談天，讓老婆享受久違的專注與驕寵。藉由經營親密時光，讓兩人的關係大為改善。老婆成為他改善親子關係、父母關係、事業發展等各方面的穩定支持力量，而不再是令他憂心的未爆彈。

在我們教練過程中，不斷鼓勵男人正視自己的行動或抉擇對家庭造成的決定性影響。我們邀請男人，以男主人的身分走入家庭，擔任家庭關係驅動的核心主力，而不是旁觀者，甚至阻力累贅。以經營事業一般的耐力、專注、積極，投入家庭之中。家庭給你的報償，絕不只一個季度，而是一生之久，甚至連綿世代。

超越自己的男人，從經營家庭開始

當男人立志成為超越自我的男人，要意識到家庭關係是所有成就的基礎前提。

我們會知覺原生家庭帶給自己的影響，但同樣正視自己在家庭中可以擔任主動的角色。

我們會訂定優化家庭關係的目標，並確保此目標對每個人造成助益，為全家每個人共同歡迎。

我們會承擔起照顧家庭責任，積極塑造有價值的家人相處時光。

我們會實際採取行動，如安排家庭活動、夫妻約會，讓家庭關係變得更好。

我們會享受家庭關係給男人帶來的充實感與安定感，無論外界是風和日麗，或是暴雨雷擊，我們都能有停泊安歇的港灣。

華人男性長久以來太習慣以個人成就為成功定義，卻忽略了，擁有美滿的家庭生活，同樣重要。

當一個男人能夠將家庭事務放在正確的優先序位上，成為家庭經營的前鋒戰將、先發主力，**他，就是超男。**

第五章

為人生而發展的事業與財富管理

詹斯敦／重拾事業目標

利斧砍劈，我的人生被剖成兩半。淌血滿地，痛徹心腑。

砍成兩半的人生，卻只能有一半留下，一半銷毀。

那一刻，我該怎麼選？

我也不知道該怎麼選。看到只剩一半的自己，我告訴自己，這輩子再也無法完整，我將永遠遺憾。

劉軒／正視事業經營

星期六半夜十一點五十五分。電腦螢幕上開著一份簡報檔，是我星期一演講的內容，完成度百分之三十。

我揉了揉太陽穴，試圖透過疼痛刺激腦神經，看能否讓大腦更清醒些。然後我又想到，除了這份簡報，我還有好幾封電子郵件還沒回覆，以及線上課程錄製內容還未確認，下一本書的大綱也還沒訂定……都要在星期一之前處理完。

如日中天的事業

「隨著中國成為世界工廠、成為世界市場、成為世界第一大經濟體，各位朋友，是時候，中國該有世界第一的供應鏈體系。我所能為中國打造的供應鏈，為中國每年降低物流成本，高達一兆三千億人民幣。超過整個雲南省今年的生產總額！」

二〇一五年，我站上TEDx講台演講，在台上自信地講述供應鏈優化改革，將如何幫助中國十四億人走向先進與富裕。當我演講結束時，台下響起如雷掌聲。

Shelton 詹斯敦

要不要請公司同仁分擔工作？看看時間，我決定：還是自己來吧。

沒有證明就得到的成功

一九九一年，我十九歲，站在講台上，台下八百多位讀者，年輕女孩很多。我有些飄飄然。我什麼話都還沒說，就不斷傳來尖叫聲。隨便講一兩句話，大家就會爆出笑聲，並熱烈鼓掌。我不能說毫無喜悅，但更多的情緒是「見鬼了，這什麼啊？」

當時，人盡皆知的大作家劉墉接連出版《超越自己》、《創造自己》、《肯定自己》

Xuan 劉軒

那幾年，中國經濟發展飛速衝刺，全世界大企業都拚命在中國布局，興建廠區、開拓市場，卻沒注意到供應鏈的優化與節流。

我當時成立的公司，代理時下最優良的供應鏈管理系統，並帶進中國，提供導入與培訓服務。

「這套系統受歐美知名大企業普遍採行，經過長期的發展、優化、實證。中國供應鏈若採用這個系統，風險為零，效益極高。」我總和客戶這麼說：「立竿見影，運作的第一天就開始為企業回本。」

三本書，銷售上百萬冊，成為台灣勵志散文界現象級的作品，奠定了他的地位，同時，也改變我的人生。

那年是我八歲離開台灣後第一次回到這片土地。《美麗佳人》雜誌替我爸辦了讀者見面會，同時邀請書裡頭的第二男主角，也就是我，一起登台。見面會地點訂在鄰近台北車站的喜來登飯店，原是包下一個小小的會議廳。但後來因為報名的人太多，臨時改在最大廳舉辦。

往台下望去，年輕女生幾乎都身穿深綠制服，我後來才知道她們來自「北一女」。

Shelton 詹斯敦

公司設立初期，原本設定的目標是業務發展，為打進大企業進行鋪路、介紹、前置溝通。但在這個階段，我就爭取到可口可樂、聯合利華、海爾這幾間在中國具有絕對指標性的公司。這些商業巨擘採用之後，原本大批仍在觀望的客戶也可望跟進。

當時，全中國各大企業聯繫的電話、電子郵件接不完。除了供應鏈管理系統，更有投資人表達高度注資意願，數額以千萬人民幣計。

公司創立五年時，收入總額已超過一億人民幣，淨利潤將近百分之三十五。看著財

Xuan 劉軒

活動結束離開喜來登飯店，甚至有一群女學生等在門口要我幫她們簽名，簇擁著說：「我很佩服你！」「你是我的榜樣。」

整場活動我一直處在一個非常不真實的狀態，腳底好像是軟綿綿的雲，踩不到地。我覺得好荒謬。

「我沒有做出任何值得她們佩服的事。」在車上，看著台北的景物，我心中暗暗決定：「這種根本不是由我自己贏得的肯定，在我人生中，絕不可以再有下次了。」

務報表，我和同事說：「我們為中國省下的物流成本，其中十分之一，成為我們的年營業額，不過分吧？那就是一家千億級別的公司，和阿里巴巴平起平坐。」

就在此時，從天上落下一把斧，朝我當頭劈下。

註定枯死一半的人生

「你的兒子衛斯理極重度聽損。」當醫生說出檢驗結果，我清楚知道，我的事業上揚飛昇的日子，已經結束了。

爭取成功證明的自己

回到台灣，我在廣告公司、雜誌社工作過一段時間。那時候我對事業沒有太多想像，但我很清楚我不適合替別人工作。於是開啟了獨立工作的歲月。

對音樂懷抱極大熱忱的我，曾經自己接案做廣告配樂好一段時間。幕後做久了，後來被找去做幕前工作，主持節目。同時間，我也持續寫專欄，還到雜誌社擔任總編輯。幕前工作也是一個接一個，台灣、中國兩地跑。

Shelton 詹斯敦

衛斯理不但需要腦外科手術植入電子耳，而且之後還有漫長的復健工作。放眼全亞洲，最有經驗，師資也最豐富的，是台灣的雅文基金會。

我能回台灣發展嗎？

「台灣的企業，產業鏈規模沒有那麼大的。」當我請教台灣產業專家，總是聽到這樣的評估：「而且，台灣企業幾乎不做品牌，而是大品牌商供應系統中的一環，而供應鏈都是歐美品牌商在管理營運的。」

「不做供應鏈優化，我們也照樣賺錢啊。」

Xuan 劉軒

這些可以稱作事業嗎？我也不確定。

在二〇〇四年，一位名叫塔爾．班夏哈（Tal Ben-Shahar）的年輕學者，開設「正向心理學」課程，成為哈佛有史以來最多人選修的課程。其課程錄影上傳網路，數百萬人觀看學習。二〇〇七年，他將課程重點撰稿出書，在全球暢銷上千萬冊，並在二〇一二年譯成中文版於台灣出版《更快樂》（*Happier*），一時之間也洛陽紙貴。

細細翻閱這本書，我心中浪濤澎湃。因為，這本書中寫的，都是我的專長領域，班夏哈更是我在哈佛時的同班同學。

與台灣企業主探口風，常被反問：「這個系統的建置成本，相當於我的公司二十年利潤。你覺得我該冒這樣的風險嗎？」

因此，我很快就知道，台灣沒有一家公司願意一年花一千萬元做供應鏈管理導入與培訓。我的供應鏈管理事業不可能在台灣創建與發展。市場規模就是不夠。

我不回台灣，留在上海發展事業，由亞曼達帶孩子回台灣就醫與生活，這可行嗎？

「光是討論這個可能性，我就覺得你自私到極點。」亞曼達堅決不接受。而我心裡默默在心中回想：我這幾年出的書，做過的節目，有什麼重心嗎？這些年來，我確實發揮才華，做了些自己有興趣，或人們有興趣的事。但對我而言，真的不夠。我要的成功不僅於此。

我決定，我要做些更大的事情。不是賣更多書，不是爭取更多觀眾，而是傳達一些，比我的想法更有意義、更能幫助讀者人生的知識。

於是，我成立工作坊推廣正向心理學，並將此設定為我寫書的重點。我相信這可以幫助更多人。

Shelton 詹斯敦

也知道，對我的妻子與孩子而言，我若不陪著他們，他們就沒有爸爸了，他們就沒有家了。

而我太知道沒有家、沒有爸爸可以依靠的孤獨與無助。

在紐約寄宿家庭受欺負，週末走過搶劫與毒品橫行的破敗街區時，更是滿心恐懼。我十五歲要忍住眼淚與恐懼，擔起保護妹妹的責任，就是因為當時爸媽不在我們身邊。他們的錢，他們看來是妥當的安排，卻無法彌補他們多年的缺席。

Xuan 劉軒

更多人，不見得做更大事

隨著做的事情越來越多，我找了合夥人共同創立了軒言文創公司。

我打的如意算盤是，有了公司，就能把我做的事情整合起來，由專人主導公司業務，得到營利後成為我的被動收入。如此一來，我就有更多心力投注在我想做的事情，尤其是撰寫書籍推廣正向心理學。

但後來公司的發展跟我當初設想的完全不一樣。

多少個夜晚，我把臉埋進枕頭裡，壓抑哭聲不讓人聽見。我承諾過自己，承諾還沒見過面的寶貝：「以後我當你們的爸爸，會好好保護你們，絕不會離開你們，絕不會把你們拋下。絕對不會。絕對不會。」

在這個現實的世界，成功、富有，掌握資源，才能給家人充裕的生活。為了要實現對孩子的承諾，我比任何人都拚搏，都努力。老天卻對我開了一個大玩笑。

事業成功、進入富豪排行榜、能和馬雲等企業鉅子平起平坐，這是我努力三十年要成為的詹斯敦。

先說剛創立的時候，我每天都在思考如何讓公司可以長久經營下去，尤其還有員工要養，我不能只想著做我想做的事，「當下的收益」順位跑到很前面。

同時，我還有個人品牌要經營，包含出書、演講等等，時不時還會有採訪邀約、跑電視或是電台通告。

更不用說養一個團隊，勢必會碰到「人」的問題，如何有效管理，凝聚團隊精神，成了我最頭痛的一件事。

很快地，我原本希望公司自主營運後多出

陪伴我的兒女，保護我的家人，在家裡最需要的時候為他們遮風擋雨擋子彈，這是我三十年前內心承諾要成為的詹斯敦。

而今日，這兩個詹斯敦，一個能留，一個得死。

當年抹掉淚水的手掌，現今握著薇拉（Vera）與衛斯理的小手。我知道，正確的選擇只有一個。

多年用這雙手努力建立的成果，我也得親手將它埋葬了。

Shelton 詹斯敦

來的創作時間，被不間斷的會議塞滿；原本認為事情變單純、變少之後，我可以更有耐心教育孩子，結果現在所有的耐心都留給同仁。

「剛才我發現，某同業推出了一個工作坊，內容和我三個月前提到的構想一樣。奇怪了，我明明記得三個月前會議結論是要策劃這個主題，為什麼到現在都沒看到下文？」

多次類似的情況，詢問同事，會得到這樣的回答：「啊，抱歉，後來沒有再說起，我還以為沒有要做了。」

Xuan 劉軒

賣掉房產，賣掉公司。衝刺五年，公司正要起飛前，我走出駕駛艙。那個要改造中國，讓十四億人實現富裕的我，現在幫助的對象，只剩我身旁的一家人。

而我卻連能否照顧好他們，都全無把握。

打折十四億分之一的野心

「在亞曼達和我離婚後，我成為一個單親爸爸，兩個孩子由我一肩扛起，我對於事業更是毫無期待可言了。」我對教練麥克斯說：「他們只有我了，我得照顧他們。但每天要顧著他們，我能怎麼發展事業？」

相似的對話一再發生。我發現公司是一個組織，老闆與員工的立場、出發點不一樣，思考事情的切入點也不同。

老闆可能很有衝勁，希望把公司帶到更高的位置，因此願意不斷學習、嘗試新的事物；但對員工而言，這可能只是一份被交代的工作，是否要加班、週末的活動完成了是否能補假，才是他們在乎的事情。

雙方態度的落差，也使我時常感到無力。

我發現這種無力感時常困擾著我，加上公司業務龐雜，以及我個人的品牌經營。不心中認定事業再無可能成功，我常常送孩子們上學後，獨自坐在車中，點開網路影片，一支又一支接著看。並沒有特定要看什麼，只是沒有計畫，什麼也不想做。我一點也沒有努力的鬥志，人生就這樣了吧。

「你完全沒收入嗎？」教練沒有批評地發問。

「也不是。我擔任喬治亞理工學院國際事務亞太區執行長、喬治亞理工學院教育基金會秘書長這兩個職務。有一些收入，讓我不必吃老本。」

僅事業要顧，管理的責任也沉重不已，所有事情交雜在一塊，我心想：「怎麼反倒有了公司更不順呢？」

事業如何步上軌道，是我找詹斯敦擔任人生教練時最困擾的一件事。

建立井井有條的事業

「在我看來，你的事業經營的有聲有色，事業版圖也不斷拓展。你覺得自己還有什麼問題需要解決？」詹斯敦了解我的事業情況後詢問。

「是否要將這個職位，視為你可以積極發展的事業？」

我再想了想，回答他：「擔任這兩個職務，是身為校友對母校的貢獻與服務。學校在亞太地區有發展的需要，我協助溝通與聯繫。這不是屬於我個人的，可作為累積收入的事業。」

教練點頭表示理解。他指向一張白紙：「在討論該做什麼之前，請寫下你的事業目標吧。」

「在賣掉公司後，我再也沒有事業目標

「雖然公司營運狀況還可以，但事實上，我被瑣碎的事情埋沒了。」我懊惱地說：「我最想做的事情，一件都沒完成。我關注的正向心理學，一直無法有效推展。」

「設定個人事業目標跟企業管理其實很像。當我們對自我有了想要達成的目標，會先量化關鍵績效指標，而過程的步驟、行動，也會透過目標與關鍵成果反覆檢視。」

詹斯敦的這句話燃起我的信心：「我們一起來找出問題，並且一一改善吧。」

Shelton 詹斯敦

了。」我內心耍賴的大孩子回答：「如果沒有辦法建立起那樣無可質疑的成就，有什麼好努力的？」

「寫下來。你現在該為了什麼而努力？」

他的聲音溫和而堅定。

我拿著筆，發了一下呆，寫下：

薇拉、衛斯理

「我最擔心的是，如果衛斯理的復健沒有成功，他無法順利地說話溝通，他該如何在社會上生存？如果薇拉往後的人生得用

讓時間發揮最大效益

「當你覺得一直無法到達目標，解方往往不是做更多事，而是減少你所做的事。」

詹斯敦嚴肅地說：「你得先決定，哪些事情必須捨棄，哪些事情不容放棄。」

「而這一切的前提是必須想得很清楚：你透過事業要追求的，到底是什麼？仔細想，然後寫下來。」說完，詹斯敦開始啜茶。

Xuan 劉軒

第一次要和自己以外的人剖析內心最深的思緒，我的筆懸著好久，無法落紙。思考良久後，我寫下：

來照顧弟弟，難道不會很對不起她嗎？」眼淚不爭氣地泛出眼眶，滑落桌面，我快速用手掌抹去。

麥克斯點點頭，和緩地詢問：「詹斯敦，你好好想想，你需要為他們做些什麼，讓你擔心的事情不致發生？」

「如果可以建立一個永續經營的事業體，帶來持續的被動收入，將來傳承給我的兒女。這樣至少可以保障衛斯理在任何情況下，靠這個事業的收入過正常生活。」

「你目前有什麼機會或資源，能幫助你達

最重要的是，我希望我的事業可以為社會、被服務的人帶來價值；

第二是我希望我的事業可以結合我的創意，產出新的事物；

最後，我希望事業可以替我帶來被動收入，有了被動收入，我就可以有更多時間去做其他事情。

看著我所寫的目標，我當下意識到，我接的工作需要「有所取捨」。過往我只要看到機會就去做，身上被各種案件綁住，當然就無法專注在最重要的、最希望投入的成這件事嗎？」

「沒有啊，我什麼都沒有了。」我不耐地回答。

「不，你有。」教練的聲音仍然和緩而堅定。

剎那間，我想到了可以做的事。我在紙上一行行地書寫，模糊的輪廓逐漸變得清晰。

化被動為主動

與教練麥克斯深談後，我想到喬治亞理工

Shelton 詹斯敦

事情上。

於是，我不再接與我風格不搭的ＤＪ工作；不再做綜藝感強烈的主持工作。同時間，我也大幅調高正向心理學的創作時間佔比。

在確認方向與目標後，我希望詹斯敦進一步協助我改善公司運作的效率。

打通事業流程瓶頸

「為什麼現在工作有效率的員工這麼少，找了員工，付這麼多薪水，為什麼我的工

Xuan 劉軒

學院國際事務亞太區執行長這個身分，可以結合我在產業界的經驗與人脈，發揮更大價值。

當時紐約大學、杜克大學先後在上海、崑山設立實體校區，喬治亞理工學院校長多次與我商討，如何讓喬治亞理工學院在亞太區設立教育及產學合作據點。但我當時心態消極，並沒有主動回應、針對這個想法進行深度構思。

二〇一九年下旬，就在開始接受教練輔導的一個多月後，我主動建議喬治亞理工學院可以在中國建立產學合作創新中心，幫

作量卻有增無減？」正當我抱怨時，詹斯敦打斷我：「有沒有想過，也許問題關鍵在你自己身上？」

這個問題有些令人難堪，但值得追究。

我們整理公司的運作流程，分析每個案件開啟到結束過程中的協作模式與工作時長。結果令我啞口無言。

原來，公司許多業務是我負責主講的課程或工作坊。由於內容都是出自我的構想，也擔心同仁掌握不到重點，或是創意不夠，講課需要的簡報檔總是由我自己做。

Shelton 詹斯敦

助深圳當地政府、企業培養創新跨界思維。

當然，我並不是說說而已。我是詹斯敦。

我立刻聯繫了從前在中國開拓市場結交到的各大企業執行長，如順豐速運、騰訊，開始籌集資金。我也緊接著與中國地方政府對話，打聽合適的地點。

接到我的電話，許多校友、合作過的企業高層紛紛承諾捐款，一千萬美元的目標啟動資金很快就到位。

在我們遊說之下，最後深圳市長答應了我們的合作邀請，給了我們十三萬平米的地，

Xuan 劉軒

結果，我是所有工作流程中最塞車的瓶頸環節。

「但我又能怎麼辦呢？我也不希望這樣。我很難要求同仁寫出我所構想的工作坊簡報內容，除非我能找到十個劉軒。」我為自己辯解：「這樣的期待也不可能實現啊。」

「你當然不可能找到十個劉軒；就算找到了，他們也不會當你的員工。」詹斯敦笑著說：「但你可以透過良好的機制與流程，讓你的員工成為你暫時的分身。」

建立天津大學喬治亞理工深圳學院。

隨著學院逐漸建成，我重新找回打造事業的成就感，也看到推動喬治亞理工學院在中國打造產學合作據點後，我的個人事業與之一起成長發展的可能性：「在此據點中，將群聚中國與歐美最優秀的年輕人，不斷創立許多嶄新的事業體。我可以透過顧問與投資的方式，參與這些事業體的茁壯與成長。我在他們事業中的股份，將是我留給孩子們的人生保障。」

看到目標、心態轉變後，我輔導與投資的事業體，不僅來自喬治亞理工學院。

讓團隊成為效率放大器

「從頭想想，為什麼同仁無法精準地做出簡報內容呢？」詹斯敦邀我思考。

不是能力落差，也不是知識欠缺。我們發現：「同仁對需求沒有完整的掌握與理解。」尤其是那些對外合作的案件，都是由我去接洽，接到案子再交給同仁，他們的理解當然有時不夠準確。

於是我們改變流程。

當客戶向我們提出客製化工作坊的需求，

Shelton 詹斯敦

一間中國的無人機公司 Mayfly，相中我的供應鏈專業知識，邀請我擔任顧問。我協助他們建立起完善的物流系統，最後，我決定投資他們。

由於我賣掉公司時留了一筆積蓄，而且我在供應鏈的經驗極為紮實，想邀請我投資或諮詢的公司相當多。只要我轉向積極的心態，隨處都可以看到機會浮現。

如果沒有人生教練的幫助，改變我的心態思維，許多機會可能都會擦肩而過。

人生教練也讓我清楚知道，賺錢本身不是

Xuan 劉軒

我就指派一位同仁和我一起開會，並撰寫會議紀錄、統整需求，同步把我們詳細記錄的需求提交給客戶進行確認。

客戶確認後，這個同仁會成為案件的主導者，將會議內容轉達給整個團隊，再分拆成不同模組，讓多個同仁可以分頭準備內容。當團隊各自負責的內容完成後，由專案負責人整合並優化，我則在收到最後統整版之後，再檢視調整一次就好。

經過教練課程的引導與檢視，我的事業重新聚焦，讓重點事項得以達成；而且更有效率，省下時間，讓我可以多陪伴家人。

目的。賺錢的初衷是為了賺到時間，也就是賺回生命的自主權。人的生命極為有限，打拚事業賺進來的財富，必須善加利用及管理，才能用財富賺財富，讓自己有餘裕去做真正想做的事。

人生教練讓我了解財富管理的重要性，我也特別報名參加了知名創業家林明樟的「超級數字力」課程。透過系統性的邏輯及方法，有效的「理好財」。

在人生教練的鼓勵下，我甚至開創了一項從未想過的新事業：擔任人生教練。這個新角色，將帶領我走到更高的層次。

在此同時，同伴們的滿意度也增加了。因為事業的舞台上不只我一個人，他們都一起參與舞蹈，演奏合唱。

Shelton 詹斯敦

我還記得，我最後在教練給我的事業評估表上寫下：「我希望未來可以幫助其他陷入瓶頸、困境的男人。」

我也由衷希望，這項事業，能成為我人生最重要的志業。

Xuan 劉軒

超男的事業理財進化論

「教練，我事業都已經到這個規模了，可以跳過這個部分吧！」

這個學員是某科技公司的執行長，一路就讀台灣最頂尖的學府，現在身家上億，住在竹科某一棟豪宅。在教練時段，每當講到事業，他就會立刻築起一道城牆，穿上鎧甲。

「我的事業發展沒有問題，還要多談，就是浪費我們的時間。」他口吻平和，但藏不住驕傲：「我任職的公司，已經是世界層級最前列的企業。和我同級的高級主管，每個人都大我十五歲以上。我的薪資……不必細說。總之，每年是否多賺幾千萬，對我的影響已經不大。我不覺得我的事業還需要教練。」

其實，我們也清楚他沒有想要事業上的教練。事實上，是他的弟弟看到哥哥為了打拚事業，完全犧牲生活，犧牲他心底對人生真正的憧憬與夢想，甚至犧牲了與家人的相處時間，才拉著哥哥找詹斯敦擔任教練。弟弟說著說著，甚至哽咽泛淚：「我知道我哥該有更好的生活，他有潛力做到心中真正想做的事，只是他沒有意識到。」

你不是忘記夢想，而是沒機會夢想

我們可以理解男人對於自己的事業不容侵犯的防備心，也可以理解爬到一定高度後，對於事業的自豪。但，我們深知，事業的成就不代表男人真正想做的事。

詹斯敦仍然請他寫下事業上的夢想。「夢想？我不知道還要寫什麼。」他幾乎想都沒想就這樣回答：「我想要的，都達到了。」

「你試著寫寫看。」詹斯敦往椅背一躺，喝著咖啡，擺明了「你沒寫完，我們就不繼續」的態度。雙方在沉默中僵持著。

最後他動了筆，紙上赫然躍出一行字：「我想創業」。

「你想創什麼業？」他開始娓娓道來：「我曾想過，運用目前最新的科技改變教育，讓來自貧困家庭的小孩，不必很多的資源，也能得到更好的教育。」深入了解後，才知道，原來這位年收驚人的成功企業家出身寒微，從小靠著自己的努力，拿到各種獎學金，持續往上攻讀，才有今天的地位。他心中一直有個願想，希望每個孩子，不拘背景，都能夠接觸到最好的教育資源，進而有開創人生的機會。

但與此同時，他對於創業充滿不安：「我其實也想過，如果創業，是不是就要離開公司？那我的妻小怎麼辦？」

詹斯敦就他的目標與疑慮，協助他訂定方案，透過引導的方式，讓他找到既有事業與新創事業兼顧的方法。

從事業找回生活天秤的平衡

詹斯敦對他說：「創業不見得要離開公司吧？如果反過來善用公司的資源創業呢？」後來，他向公司提出這個想法，獲得公司大力支持，他得以藉由內部創業管道，先設立基金會，逐步完成他的夢想。

這個成功經驗，讓他非常興奮，也很開心。他沒有料到，自己竟然真的能在兼顧事業的情況下，針對內心深處最關切的主題進行創業。

聽著他興奮地分享進展，詹斯敦詢問：「有沒有把這個好消息跟小孩分享？」他困惑地反問：「為什麼？」

長久以來，他養成「不把工作帶回家」的習慣，包含談論也盡量避免。他解釋：「我跟家人講工作的事情，他們也聽不懂啊！而且我何必把我的困擾帶給他們。」詹斯敦聽了，對他說：「這星期的功課：跟家人分享你工作上碰到的狀況與你的心情。」

他一臉莫名其妙。

下星期碰面時，他主動說：「教練，上星期五晚上，孩子剛好拿相關的課程作業來問我，我就順便跟他說我工作的狀況和新的創業想法。」詹斯敦問：「結果如何？」

「孩子聽得入迷，一直問細節，而且只要說明，他就真的都聽得懂。和他說完這些我心中在意的事，我覺得父子之間距離變近了。而且他看我的眼神也不一樣了。有一點……怎麼說呢，以我為榮嗎？哈哈。」

聽著，我們都為他開心。

劉軒也有類似的經驗。「我兒子要睡覺前，我會跟他分享我的心情，像是我工作很累、不太順利。沒想到他會說他看得出來。當我跟他說晚安，關上房門前，他還會給我祝福。這讓我感覺好極了！以前都是匆匆忙忙地幫他們點完散瞳劑，檢查有沒有刷牙，草草說晚安就離開孩子的房間。有了這個分享彼此心情的短短幾分鐘時間，卻給了我很大的動力。我們甚至把這段時間儀式化，全家人一起分享值得開心與感謝的人事物。」

從A到A+，從榨乾到豐沛

當男人有一定成就，事業成績單要從A到A+，就不僅是收入增加兩成或三成的問題；更值得努力的方向，是投入事業方式的根本調整。

許多男人，是放棄一切、投盡所有在事業上。高工時、假日加班、親子關係不良、身體健康出狀況、放棄自己真正的熱愛與追尋……事業戰場上的戰士們不惜一切代價，為更高的頭銜與收入衝鋒陷陣。

這不是「超男」的事業觀。

事業成功，是男人的夢想，但夢想不僅僅侷限於事業。身體、家庭、心靈……每一項都很重要，都不該因為事業而受到損失與犧牲。或甚至應該反過來說：超男不會把自己的生命榨乾，只在乎發展事業；超男應該為事業設立正確的目標、方法，運用事業發展成功取得的資源，來澆灌豐富的生命。

事業規劃與財富管理，平行並進

許多男人窮盡一生拚事業，但拚到後來，除了獲得財富，其他什麼都沒有。

透過人生教練的引導方法，全盤審視人生，男人面對事業的態度與思維，可以不再偏狹。倘能更善加運用賺得的財富，不僅能創造被動收入，也能增加可以自由運用的時間，用以追尋人生在事業之外其他方面的富足。

除了理財之外，我們也強調，男人要有智慧與勇氣訂定「身後計畫」（是的，許多人忽略此事，就是因為缺乏勇氣）。我們會在輔導的過程中，鼓勵學員寫下自己的「遺囑」，萬一自己因意外而離開人世，一輩子累積的財富將有合適的安排。運用遺囑進行完善的安排，除了幫助家人過上好的生活，也能避免家人因分產而發生紛爭齟齬。

我們會正視內心深處的事業夢想，願透過事業創造的貢獻變成想成為的人。

我們會訂定幫助事業脫離僵局的行動措施，以及為夢想、事業設定具體目標。

我們會認知到事業的優化、進步、拓展，決定權與主導權在自己手上，以及事業對人生各方面影響的自我責任。

我們會實際採取行動，讓我們的事業逐步達到我們設定的目標，同時在優化事業之餘，也對人生方方面面產生正面助益。

我們會重新審視事業對人生的價值，從中找到新的熱情，再次鼓動自我成長；並且讓自己的事業成為實踐人生價值的奮鬥旅程。這樣的工作，帶給人生的將不是磨耗，而是意義與啟發。

當男人理解到事業不該是榨乾生命的追逐，並視事業為滋養生命的沃土，**他，就能成為超男。**

第六章

君子之交，淡若水，堅似鋼

詹斯敦／要朋友，更要原則

「和你說，我決定離婚了。我再也不管她怎麼想了。每次看到她的鬼樣子我就想吐。」

手機螢幕亮起，正在酒席中的我，瞄了一眼，是那個和我有著三十年交情的好友傳來的訊息。我不禁皺眉，深嘆一口氣。正要走出餐廳撥電話給他，沒想到他就打來了。

劉軒／要友情，也要意義

「嘿，這週末我要辦生日派對，歡迎你來。」小學五年級，班上最受歡迎的女生葛瑞絲，在放學前，逐一詢問同學。

我假裝在寫作業，但眼角餘光注意著，她在教室一一問過每一個同學。「當她問到我，我該怎麼回答，以免顯得太興奮呢？」我心中思考，心跳有點加速。

葛瑞絲往我走來，正當我要微笑和她打招呼，她竟然連看都沒看我一眼，直接從我

Shelton 詹斯敦

才接通，劈頭蓋臉就是一連串抱怨她太太的話，話語間極盡貶損之能事。想起我們三十年交情，我正想開口和緩他的情緒，他接下來的這句話讓我愣住：「我需要一百萬跟她離婚，你現在可以匯給我嗎？」

正在猶豫，他冷狠狠丟了一句：「你又沒缺錢，幫我一下會死嗎？這麼小家子氣，還是我對你而言不是朋友？」

為了停止這場令我難受的爭吵，我在路邊登入網路銀行轉帳給他……

身旁走過。

那一刻，空氣凍結，世界安靜。

我撐著正常的微笑表情，努力眨眼，以免眼淚滑落，假裝什麼都沒有發生，收拾書包，躲避任何同學的眼神，快步衝出教室。

習慣當一個邊緣人

Xuan 劉軒

當時我沒被邀請，雖感失望，但也不意外，因為打從我入學，我就是班上的邊緣人。我戴著超級厚的眼鏡，一副書呆子樣，在班上幾乎沒有朋友。僅有的一、二個朋友，

車馬衣裘，與朋友共？

回到餐廳，菜單上最高檔的料理，幾乎都被我們點了一輪，包含店內最高級的進口洋酒、清酒，也是一瓶接一瓶。

同桌的這群人，有一些是我來上海後認識的朋友。他們總會謔稱我詹董，找我一起吃好料，一起尋歡作樂。還有一些是他們帶來的朋友，我第一次見到。

「我不能再喝了，亞曼達還在家等我回去……」我為難地推掉一杯敬酒。

也是被其他人排擠而交不到朋友的人。

後來上了史岱文森高中，我以為這所由超過五成亞洲人組成的學校，會讓我成為班上的「正常人」，結果並非如此。

已經來到美國將近十年的我，早已不知道亞洲流行什麼。當其他亞洲同學都在聊某某明星、歌曲，我沒有辦法插上半句話；而那些每天搭名車上學的白人同學，與我沒有共同話題，更是連看都不會看我一眼。

上了高中，我也只能結交到一群「非主流」的朋友。

「詹董，你少來了啦！你明明跟我們一樣恨不得天天在外面玩的啊！」沒等我說完，他們搶著說。一名陪侍小姐也把酒杯遞到我面前：「詹董，你可不能這麼早走啊！」我難為情地往旁邊靠，但她還是摟上了我的頸子。

「好啦，詹董要走可以，先買單啊！」大家紛紛鼓譟，就連一些我從未看過的人也一起幫腔，其中一個還直接把帳單遞到我面前。

我接過帳單，勉強擠出笑容：「沒問題啦！」

我們這群人來自義大利、以色列、波蘭、印度等國家，六、七個人都是同儕眼中的怪咖。我們還自嘲，我們就像是一群核廢料聚在一起。

跟一群同樣難以融入各個群體的人混在一塊，我覺得挺不錯的。相較於當年那個被國小同學忽視、沒被邀請去派對的我，我不再被完全忽略。至少現在我有一群朋友，我們會一起去逛街、吃東西。

加入阿爾法群體

男人大概都想成為「阿爾法」（希臘文第

買單，不知道從什麼時候開始變成我的責任。但我未曾放在心上，因為我認為這是為了維繫友誼必須付出的成本。

其中一個不怎麼熟的朋友主動扶我出去等司機，我笑著對他說：「就你夠朋友。」一他支支吾吾接著說：「沒……沒有啦！是說詹董……我最近手頭有點緊，不曉得方不方便……跟你應急一下？」

禁不住他求情，我從公事包拿出支票，簽了一張金額不小的支票給他。

回到家，已是午夜。我進了家門，赫然發

一個字母：α讀為Alpha）：受人崇拜、意氣風發、掌握主導權。我們從小就觀察得到，這樣的男人往往較受異性喜歡。在同儕之間，也能獲得好人緣。

我也曾經因為無法成為這樣的男人而困擾。

在哈佛就讀的第一年，我的同寢室友是一個特性與我南轅北轍的人。他很帥又很會玩，交友廣闊，人人都想認識他。幾乎每天晚上都有我沒看過的人到我們寢室找他。

Shelton 詹斯敦

現亞曼達坐在客廳沙發滑手機。我走到她身邊，輕按她的肩膀：「今天都還好嗎？」她推開我的手，看都不看我一眼，逕自起身走回臥房。

我醉得不想多說什麼，東倒西歪走去女兒的房間。我小心翼翼地開門，躡手躡腳走到女兒床邊，看著她熟睡的臉龐，忍不住摸了她的小臉。「今天又和薇拉一句話也沒說上。但他們約，我得去啊……」

為了朋友，失去自我

「其實我也沒有很想去，酒席中說得上是

Xuan 劉軒

他就是我暗自希望成為的那種人。

我一直以來都是學校的邊緣人，從來難以融入主流群體。因此，當室友和他的同伴開開心心喝著啤酒打屁聊天，我就默默地看著我的書，不期待能夠加入。甚至有時候我會刻意離開宿舍，一個人在外頭閒晃，等他們都走了，我再回去宿舍。

有一天，他們一群人又開始聚會聊天，我正在思考要用哪種方式自閉，室友主動遞了一瓶啤酒給我，問我要不要加入他們。我有點意外又裝酷地說：「好哦。有何不可？」

我朋友的，也沒幾個……」我難掩後悔地對人生教練麥克斯說。

他露出微笑接著問：「當時你既然不想去，為什麼還要跟他們一起喝酒呢？」

我認真想了一下原因，「我怕因為沒加入酒局，大家以後就不找我了。」教練點點頭，接著詢問：「那為什麼不熟朋友跟你借錢，你會二話不說借他？」

我心裡隱約知道答案，但我沒有說話。

「你會怕失去朋友，而一直迎合別人嗎？」

久而久之，我成了他們朋友圈的一員，結交到多位活躍的同學，誤打誤撞進入主流群體。也透過和他們的相處，漸漸學到如何和人們成為朋友。

男人的友情，需要刻意經營

出了社會，我已經可以很巧妙地融入不同群體：無論是一群聊著家裡事業未來發展的企業二代；或是一群活在當下、熱愛音樂與文學的「波西米亞人」。

我與這些人意外成為很要好的朋友，直至現在，我們仍保持聯絡。

Shelton 詹斯敦

教練繼續問：「你有沒有想過，朋友是應該有所取捨的？」

麥克斯一句話扎進了我的心窩。我突然意識到，自己總是為了朋友，不斷妥協退讓，一直沒有交友原則與中心價值觀。

當朋友們聚在一起喝酒抽菸，儘管我討厭菸味，我還是會跟他們要一根來抽；看到司機嚼檳榔，我也曾跟他要一顆來嚼，只為了希望他把我當朋友聊天。

「你認為是什麼原因導致你為了討好朋友，失去自己的原則？」

Xuan 劉軒

「你明明是個很內向的人，什麼讓你和許多人維持多年的友情？」了解我的人，有時候會感到不解。

隨著年齡增長，家庭與工作事務繁多、壓力沉重，我們都能發現，如果朋友不刻意聚集，情誼不刻意維持，關係就容易散攤子了。

在四十歲那年，我決定針對我所珍視的朋友圈，舉辦常態性聚會。我們說好，每個月找一個晚上，大夥聚在一起喝酒聊天，維繫感情。

「小時候我們搬過很多次家，我需要不斷重新融入當地，加上爸媽又不在身邊，很怕孤單，導致我認為朋友的認同勝過一切。」我回想那段三十多年前的歲月。

「為了維繫朋友的認同，我在不同的社交圈子裡，換上不同的面貌，變成不同的詹斯敦。」這是我從小不斷搬家，在好多國家留學、生活，所發展出來的本能：「我想盡我所能讓朋友覺得我很棒。」

「那你覺得迎合朋友，有真的讓你交到知心好友嗎？」在我回答前，教練看向我，似乎已看穿我的心。

雖然說是常態性，但不見得所有人每次都到場，有時候甚至只有小貓兩三隻。但我覺得也是因為有了這樣的固定聚會，大家的關係才不容易斷掉。

近十年過去，這項傳統仍未終止。

每次跟這群老朋友見完面，我總是覺得身心舒暢極了！白天工作的壓力頓時消失無蹤。跟他們相處，我感覺到自己被理解，而我也能理解他們。

隨著年齡增長，我逐漸克服交友的困境。找到朋友對我而言不再是難事，卻不代表這樣的社交模式已經跟了我二、三十年。現在的我，不想隨波逐流了。誰是可以深交的朋友、誰又是點頭之交、酒肉朋友……我應該有所分辨與取捨。

友誼的限度

但哪些人值得我投入時間真誠、深入交往呢？這個問題，我從沒想過。教練建議：

「何不從明確列出你的價值原則開始？」

我思考良久，在紙上寫下三項我內心深處對朋友的期待：

沒有煩惱。

當交流淪為無益的碎嘴

「你還記不記得當年我們在忠孝東路酒吧喝酒，那傢伙吐得一塌糊塗？」朋友笑著問。

我微微一笑，啜一口酒。

「當年和你很好的那個誰……茱蒂，對，她還和當時的男朋友在一起嗎？他們不合適！」關於茱蒂和她男友，大家聊了三十分鐘，我開始發呆。

朋友應該要互惠

朋友之間，應該要為彼此帶來正向的影響與幫助。需要彼此互惠，我不再單方面討好式地交友。

朋友應該要分享同樣價值觀

從前我會因為對方對我事業有幫助，或是可以一起喝酒打發時間，而跟他當朋友（至少我以前認為那叫朋友）。未來，我決定挑選朋友最重要的原則該是「共同價值觀」，也就是要有共同的信念、相近的目標。

「大家知道元宇宙吧？我們公司最近投了三十億在元宇宙產業……」某個朋友很有派頭地領銜討論元宇宙，以及背後龐大的產業機會。

這樣的場景越來越常出現。

無論是自我感受，或是心理評測，我都越來越理解：我就是個內向的人。我不喜歡社交，也不擅長社交，尤其像是十幾個人坐在圓桌的那種飯局，會讓我很不自在。

在某些社交圈子中，每個人戴上成功得意的面具，掩蓋困窘難堪的自我。

Shelton 詹斯敦

朋友應該不分貧富貴賤

每個人有自己的事業追求，職業更是不分貴賤。在交友時，我絕不強調自己的身分、位階，同時我也不會以貧富、頭銜作為擇友標準。

「從前那個詹斯敦，想要讓自己不孤單，不被排擠，沒有準則地胡亂交友。」寫下這三點原則時，我這樣決定：「現在的詹斯敦，已經不需要透過朋友來肯定自己。我未來結交的朋友，一定要是能和我分享人生、活得豐盛，一起為社會貢獻自己的力量。」

Xuan 劉軒

不久前聚會時相見，還看他志得意滿；兩三星期之後，就因為事業困局而退出聯繫群組。這樣的情況每次發生，總讓人感到悵然。

「詹斯敦，你有沒有發現，我們都被困在一個社交的牢裡。」在教練課程中，我說出心中的疑惑：「和朋友聚會，說來說去總圍繞著當年的回憶，或是自己近來的豐功偉績。看似話題多元，卻都沒有意義。」

詹斯敦點了點頭，反過來問我：「你希望的交流是什麼樣子？願意為此做什麼樣的調整呢？」

絕交，還是結交？

在與人生教練深談交友的原則後，我深思多時。

當我釐清社交價值觀，並回過頭來檢視身邊的朋友，有些人明顯不適合結交。其中最令我為難的，是那位我認識超過三十年的老友。

我倆價值觀差異甚大，而且他對我予取予求，其實毫不珍惜我的付出。先前和他深談多次，他不覺得自己有錯，完全無意改變。多年的交情和我內心的原則，激烈拔

深思之後，我寫下：

- 我希望朋友之間可以有更多內心的交流。
- 最好彼此可以自在講內心話、進行深入探討。
- 不要人多，六人以下最好。
- 寧可少數深交，不要廣泛而淺薄。

人際關係，也得斷捨離

我開始對自己的社交認真篩選，只參與對象與情境是我喜歡與想要的活動。如果是不必要的，或是令我覺得不舒服，我就要

Shelton 詹斯敦

河。

我這輩子從未主動跟任何人絕交。在此之前，我沒有勇氣，也未曾想過要與人絕交。就算有時幾乎要脫口說出：「我們不要再聯絡了」，終究還是會嚥回去。結果，我只能繼續被他人吃豆腐、當盤子。

「這是我最後一次發訊息給你，祝福你，今後請不要再聯繫我。」我心意已決，按下發送鍵。

主動斬斷不適合的社交關係，讓我發現，人生更自在些。我能將時間花在值得的人

Xuan 劉軒

果斷拒絕。

很快，我的決心受到了考驗。

「喂，劉軒，我跟你說，我現在找了很多個大老闆一起喝酒，你現在過來，我介紹他們給你認識。」由於他沒報名字，我好一會兒才想起來，他是某次我在飛機上結識的一名大哥，是台灣某區扶輪社社長，人脈很廣。

當時已是深夜，我老早梳洗完畢準備就寢。從語調中聽得出來這個大哥已經微醺，沒等我回答，他又繼續說：「這些大老闆對

身上。

我和健身教練成為好友，因為我們同樣認為身體健康很重要。朋友介紹我認識一群警員，雖然我們的背景沒有交集，但因為彼此心念相近，我們自然而然成了朋友。

我也開始主動結交價值觀相近的朋友，聚在一起沒有利益關係，只專注當下相處愉快的時刻。

前陣子，我從衣櫥裡翻出數年未穿的黑色皮衣，跟一群二十幾歲的年輕小夥子一起去看演唱會。那天晚上真的好開心，我好

你在做的事情很有興趣，這是很難得的機會喔！」

我如果答應，只要換個衣服，搭上計程車，沒幾分鐘就可以加入他們的聚會。但我清楚我不想，特別是要跟好幾個不認識的人喝酒聊天，光想就讓我渾身不自在。

若是在幾年前，也許我會勉強自己出門。

但我想起和詹斯敦教練做的約定：要區分對我有益的社交場合與對象。於是我誠懇、溫和，但堅定地回絕。

這個大哥似乎感到很意外，聽起來有點失

久沒有這麼快樂了。

在此同時，我也刻意降低社交時間，一些無益身心、浪費時間的喝酒飯局，我一律推掉。因為我很清楚，如果我沒騰出時間顧好我的身體、家庭、事業，我不會有本錢社交。

曾經，為了維持朋友關係，我不斷應酬，在原則上妥協。今後，我不會再為了不值得的人，犧牲我的時間和原則。

Shelton 詹斯敦

落。

他後來再也沒有跟我聯絡，但我並不覺得我錯失了認識新朋友、開拓事業的機會。我相信，如果是合適深入交流的對象，我們也會在更合適的時間與場合中再相遇。

透過跟不合適的社交對象說不，我發現空出來的時間，可以拿來跟我想要相處的對象深入交流。無論是久久未見的老朋友也好，或是新認識卻擁有同樣價值觀的朋友也好。

有意識地選擇社交對象，實實在在充實了我的內心。

Xuan 劉軒

超男的社交文化進化論

「我們都只做到這個月底了。請您找合適的人選吧。」我們的學員聽到他的同事說出這句話，除了震驚，更是心寒：「對了，和你說句實話：你其實沒有真正的朋友。這樣子，走不遠的。」

這位學員是位成功的創業者，他公司產製的研究報告一絲不苟，在業界非常權威。

「我一直以來都以為，和同事公事公辦就好了，大家憑實力，沒有必要刻意搞交情。」然而，那些他視為奮鬥夥伴的公司主管們，卻相互約好同一天離職。在告知辭意的時候，其中一位主管終於說出心底話。學員失落地問我們：「教練，我到底哪裡做錯了？我該怎麼辦？」

重新量度社交的意義

在幾次教練課程的深談中，這位學員發現了自己的社交困境，同時也理解社交對於他的真實價值：「社交並不是交很多新朋友，假情假意、逢場作戲，而是人與人之間真誠的彼此關心。」

透過討論，他訂定計畫，貫徹與同事互相關心的社交價值觀，逐步建立良好社交關係：「每天下午三點到四點，我要主動找一位同事喝下午茶，什麼都可以聊，就是不聊工作。」

他也撥出時間與老朋友重新聯繫。本來是個不折不扣的工作狂，不願意花時間和人聊天，如今他會找朋友去泡三溫暖、吃飯。

「我更能理解同仁的想法，工作時的互動更融洽了，許多人的笑容變多了。」實行一陣子之後，我們詢問他狀況有沒有改善，他說：「現在同仁還會主動找我吃飯，關心我的家庭。」

與同事拉近關係後，他甚至發現公司文化也悄悄改變。「教練，以前我都埋頭工作，不關心同事的家庭、生活。但現在我了解了他們的家庭狀況，提供他們需要的協助。感覺大家對公司向心力也更強，面對困難的專案，有一種親密戰友的感覺。」在輔導課程快結束前，他開心地對我們說。

社交關係的維護、提升，不僅幫助他結交到朋友，甚至還對他的事業產生正面助益。

設計有意義的社交

若你也是個事業人，一定常常參與大堆頭的社交場合吧？在那樣的場合中，你會怎麼做？

我們輔導的對象，許多是高階經理人，甚至是企業執行長。他們時常需要出席各種開幕酒會、尾牙春酒、主題派對等等。很多人苦惱地問我們：「教練，每次到這種場合，就要跟一大堆人寒暄。派對結束後，我可能早就忘記剛剛跟誰說過話。這種社交場合，我實在覺得很沒意義。」

事實就是，我們得有所選擇。蜻蜓點水式的交流，不可能留下任何情誼與熟悉感。

劉軒的作法是：「參加數十人甚至上百人的派對時，我會花一個小時大致理解參與人群，後兩個小時，我常從中選擇只與一人聊天聊到最後。因為這兩個小時的深刻交流，即使三、四年後有事再聯繫，彼此也還可以立刻想起彼此，並且繼續有意義地交流與合作。」

想要結交到可以交流內心想法，並有相似價值觀的朋友，必須要刻意、主動尋找。被動地等待，只是枉然。但具體而言，可以怎麼做呢？

有一段時間，劉軒與友人王翊軒在他開的餐廳地下室，固定舉辦名為「鬥陣俱樂部」的聚會，他們的標語是「重點不是戰勝誰，而是為何而戰。（It's not about whom you are fighting, but what you are fighting for.）」

三五好友會聊聊最近正在奮鬥的事情，交流彼此內心對人生真正的感觸與想法，花三、四個小時，喝喝啤酒，聊聊天。

每次離開地下室回到地面上，劉軒說他都有種充飽電的感覺，因為在一個刻意安排的聚會裡，他發現自己的想法、感受獲得理解，而且也從別人的分享中獲得啟發。

劉軒與詹斯敦鼓勵大家：找一群志同道合的朋友，固定碰面。那種被了解的感覺，會讓男人再度充滿力量與鬥志。

社交再進階：與世界為友

當詹斯敦宣布將他的著作《千分之三的意義》所有版稅都捐給雅文基金會，有些朋友聞之不可置信：「你瘋啦？」

這個決定，也來自教練課程的啟發。麥克斯教練在課程結束前問他：「除了善待你身旁的朋友，你有沒有意願為那些你不認識、不在身旁的人們做些什麼？」

這個問題讓詹斯敦陷入思考，感受內心的聲音：「我以前拚了命地賺很多錢，是為了自己與家人；如今我有了一點能力，希望拋磚引玉，盡我微薄之力，創造善的循環。」

除了捐出著作版稅，他還帶著衛斯理關懷許多家有聽損兒或小孩肢體殘缺的父母，透過交流經驗給予他們心靈上的支持。詹斯敦表示：「這樣做，感覺真的很好。」

當男人的社交層面擴及到社會、全世界時，可以感覺到內心充滿了前所未有的富足感。

這花再多錢也買不到。

超越自我的男人，從深化社交關係開始

男人的朋友關係不應只是話當年、提當年勇。社交更不該只是攀比與大人

物的合照、與大人物加臉友，圖個自我感覺良好。

當我們真正了解朋友與社交對自己的重要性，我們會理解自己為什麼要交朋友、適合用什麼樣的方式社交。

我們會設定自己想要什麼樣的朋友、不想要什麼樣的朋友，以及追求什麼樣的社交價值。

我們會清楚知道自己必須承擔起找到提升社交品質的責任。

我們會刻意地安排有意義的社交活動，並主動維繫合適的社交關係。

我們會交到志同道合的朋友，且意識到社交應擴及到社會，正視我們對世界負有一份責任。

男人拚事業、顧家庭的同時，也不能忽略社交對自身的正向幫助。具有意義的社交，可以幫助男人獲得心靈上的支持，甚至對事業、生活、家庭都會有良好的助益。

當男人取得良好的社交，並願意將社交的價值進一步拓展至全社會，奉獻自我、與社會產生正向連結，**他，就是超男。**

第七章

男人的心，聚焦一核，拓展無限

詹斯敦／透過一切找到自己

左手指壓在弦上，右手撥弦，由不同和弦組成的旋律從響孔傳出。這一刻，總是讓我沉醉不已。

每當我彈吉他，世界就好像整個慢了下來，周遭的雜音頓時消失，只剩我與音樂。

我可以一個人在房間內彈上數小時，只為把幾個和弦練到完美。我也可以不斷重複彈同一首歌好幾個星期，只為流暢地彈出

劉軒／透過自己找到一切

我走進教室，同學們見到我，先是愣了一下，接著全班爆出巨大笑聲……

我不知道為什麼大家要笑得這麼誇張，我只不過是為了更像一個美國人，前一天去髮廊燙了頭髮而已。雖然成果有點像爆炸頭，但我自認這樣比較「美式」。

當年，還在讀小學的我，移民來美國。為了更融入環境，在髮廊堅持要改個和朋友

Shelton 詹斯敦

完整樂章。

一把吉他，帶領我到了全新的領域，也讓我知道，原來人生不是只有拚事業，拓展興趣也很重要。

打破體驗與學習的疆界

「你如果不上進，去當DJ，我就跟你斷絕父子關係！」我爸聽完我的理想職業，氣憤地對我撂下狠話。

這個夢想，埋藏在我心底很久，我沒對太多人說過我對音樂的憧憬。雖然朋友們都

Xuan 劉軒

們相近的髮型。完全沒想到，換來的是哄堂訕笑。

我是白痴，又是天才

國小三年級開學第一天，老師問我：「What's your name?」我完全聽不懂，也不知道怎麼回答，於是我支支吾吾地吐出引來全班同學哄堂大笑的三個字：「I ...don't...know.」

那天回到家，校長就立刻打電話到家裡，向爸媽說明我的狀況，建議我降級，從小學二年級讀起。

知道我熱愛音樂，也很想學吉他，但大家看到的，只有那個當上總裁的詹斯敦。我爸更是禁止我花時間在「沒意義的事情上」。

我爸的一句話，就像是一條鎖鏈，把我緊緊拴住。縱使我一直以來都很想學吉他，卻因為這句話，加上全心投入事業，未曾有機會學習。

「你那麼喜歡音樂，何不挑一個樂器學？」人生教練麥克斯問我。

我沒多想，就回答：「我其實一直都很想

於是，我的「第一次」小學三年級生活只維持了一天。

往後的日子，我上學都需要先在校門口做好心理建設，才鼓起勇氣走進教室。

因為我覺得老師和同學，都把我當成什麼都不會的白痴。

「這題算數有誰會？」老師對著全班問。

見沒人回答，老師點了我：「劉軒，你要不要試試看這題？」我隨即說出答案，老師似乎有點驚訝我這麼快就算出來，誇獎學吉他。」他聽了後對我說：「很好啊！那你要不要設定一個學習吉他的目標？」

我聽了有些訝異，又有些興奮。沒想到學習彈吉他也可以變成我生活中的一個正常目標。正好可以趁這個機會圓了我一直以來想學吉他的心願。

於是，我在麥克斯給我的紙上寫下目標：

希望能學會彈奏一首歌

那星期我趁著去東京出差，找到一家吉他專賣店。看著牆上掛著一把把五顏六色、

Shelton 詹斯敦

了我一番。同學們還紛紛轉頭看我。

我心想：「這不是很簡單嗎？」

後來考試，我的數學都是全班甚至全校最高分，老師誇我是數學天才。到了國、高中都是如此，連學校新買了蘋果電腦，老師都指名先給我用。因為他們覺得我數學好，有理工的資質，適合學電腦。

國小音樂課，有一天老師問全班：「有沒有人會彈鋼琴啊？」我不知哪來的勇氣，舉手說我會。

Xuan 劉軒

風格迥異的吉他，我興奮極了！我不斷詢問老闆各種問題，從重量到音色，從品牌到產地。

在店裡待了一個多小時，我像一個考試考一百分，被爸媽帶到玩具店挑玩具的小孩子。東挑西選，難以下定決心。最後我拎了一把許多知名樂手都鍾愛的芬達（Fender）吉他回台灣。

接著，我在YouTube上找到一個台灣吉他老師的頻道。非常巧的是，他在頻道上分享了一首我非常喜歡的歌，來自美國德州事後菸樂團（Cigarettes After Sex）的經典

在台灣的時候，爸媽就讓我上鋼琴團體班，同時還請家教老師教我彈琴。貝多芬、莫札特等古典鋼琴家的名曲我練過不少首。

我掀開直立式鋼琴的琴蓋，雙手放在黑白鍵上，回想琴譜，開始彈奏。

當我彈完最後一個音符，雙手離開琴鍵，轉身面對全班。所有同學都目瞪口呆地看著我，就連老師也一副不可置信的模樣，彷彿看到蕭邦顯靈、巴哈復生。

很快地，我成為學校裡的一條大魚，大家口耳相傳，有一個黃皮膚的小孩數學很好、

Shelton 詹斯敦

名曲〈K〉。剛好我也很想學這首歌，於是我主動聯繫他，請他教導我彈吉他。

我從基本樂理與指法開始學起，慢慢的，進階到和弦、完整的曲子。

至今三年，除了〈K〉，我還學會了至少八首歌。

從不可能之處湧出收獲

「你認為彈吉他帶給你的最大收獲是什麼？」教練麥克斯在我練了幾週吉他後這樣問我。

Xuan 劉軒

很會彈鋼琴。

然而我很納悶，因為我在台灣也見過不少這樣的同學。

求學過程中，我曾被老師要求降級就讀，在同學眼裡，我是一個英文白痴。但不久後，我又被稱數學天才，還有鋼琴神童。

所以我到底是白痴，還是神童？

別人看到了我，但是看不見我

我八歲離開台灣，剛到美國又隨即搬家了

「我覺得彈吉他的時候心情很平靜，而且感覺時間一下子就過了，意猶未盡。」

他點點頭表示贊同，接著問：「當你專注在彈吉他時，給你帶來什麼收穫？」

我反省了一下，我是一個很容易分心的人，比如說工作回郵件回到一半，我會想到待會要做的事情，甚至就先把郵件擱著，去做另一件事情。當所有事情都這樣沒有次序地處理，讓我常常覺得時間不夠用，效率很低。

回想我彈吉他的時候，那種專注的態度，

兩、三次。

有個標籤說我是「移民美國的台灣人」；

有個標籤說我是「新一代美國人」；

有人說我應該要表現得更「美式」；

還有人說我不應該忘本，要以台灣人為榮。

雖然總不缺人為我貼上標籤，但我始終不知道自己真正的歸屬。

在美國生活的時光，為了讓自己融入當地，

讓我覺得很滿足，而且每次練完，都會很想替自己鼓掌：「詹斯敦，又成功學會了幾個段落與和弦了！」

我試著將彈奏吉他時的專注力運用到生活其他層面，如陪孩子做功課，我不會同時做其他事；或重量訓練的時候，盡量不看手機。

長久下來，我的效率變好，事情都能如期完成，心情也更加輕鬆。這是我開始彈吉他前始料未及的附加價值。

Shelton 詹斯敦

我從外表到語言下了許多苦工，希望自己的衣著、髮型、口音方方面面都更像「典型美國人」。

後來卻有人告訴我：「典型的美國人，都以自己的背景傳統為傲，且知道自己的根源、家族文化。你完全忘記中文、放棄傳承。這樣的人，『很不美國』。」

為了讓自己「更美國」，我決定重視自己的傳承。於是我在大學期間跑去修中文、文言文的課，學習中文寫作，想辦法補足我對中華文化的認知。

Xuan 劉軒

不斷學習，是男人最大課題

聽著一首歌的前奏、主歌、副歌，到結尾最後一個音符，跟實際以雙手彈奏，是完全不同的兩件事。

當我的手指隨著曲譜的行進在吉他弦上游移，我更了解到一首歌的組成。從鋪陳到高潮，再來個突如其來的轉調，交疊出一首動人心弦的曲子。

一首歌，需要如此縝密的編排，才好聽。對應到工作，也是如此。工作，也需要充分的規劃，才有好的成果。

「加強中文」後，我「更美國」了嗎？我感到茫然。

直到大學、出社會，我才知道這樣的經驗原來正是「第三文化小孩（Third culture kid）」。

在美國，我顯得「不夠美國」；回到台灣，我也「不夠台灣」。我最終認知到，我不會是完全的美國人，也不會是完全的台灣人，而是成長於「第三文化」的一代。

有一次我去演講，講我從小就搬到美國，求學期間成為邊緣人、歷經九一一事件等

Shelton 詹斯敦

因為音樂，我開始對我喜歡的藝人做更多研究，我希望了解他們做音樂的邏輯與想法，渴望從他們身上學到更多。其中一位，是美國饒舌天王肯伊・威斯特（Kanye West）。

我相當喜歡他的音樂，尤其是他將五、六〇年代的音樂風格放進他的饒舌樂中，創新又大膽，常令人意想不到。他與其他歌手相比尤為特別的，是在時尚產業的成就。

深入了解後，我發現他竟然將製作音樂的思維，移植到球鞋、衣服設計上。一雙球鞋的誕生，與他舊曲新用的邏輯相似，他

Xuan 劉軒

等，講了很多很多我人生的坎坷轉折。可是最後開放聽眾發問時，有一個人竟然問：「你的人生聽起來很順遂，請問你有沒有碰到什麼挫折？」

我當下有點愣住，心想：「我剛剛不是才講了一大堆我人生的挫折嗎？為什麼在你眼中我仍是一個順遂的成功人士？」

我到底是誰？我是什麼樣的人？我要成為什麼樣的人？

回到台灣，隨著工作與成長，我逐漸了解：其他人都看得到我，但他們看到的永遠是

參考了過去古希臘的鞋子造型，打破疆界，大膽運用新的科技、材質，打造出一雙雙讓大家嘆為觀止的新時代球鞋。

如此勇於創新突破的精神，給我相當大的啟發，引領我看到事物之間潛在的關聯以及跨界運用。更讓我了解，當我們把所愛的事物發揮到極致，從中汲取的思考方式，將有機會擴展到人生每個面向。

良好心智助我掌握優勢

「同學，你們手上的講義可以先放一邊，我重做了一份。」一語畢，我把當天早上才

我的外在，我的「人設」：劉墉的兒子、哈佛高材生、暢銷作家、斜槓青年等成功的印記。

他們都看不見真正的我，那個內在的我，真實在感知與思想的我。

無論他人說我是天才還是白痴；無論他人認為我是成功還是平庸、我的人生是坎坷還是順遂，那都不重要。

關於我要做什麼樣的人、懷抱什麼樣的價值觀，最終要由我自己回答。

Shelton 詹斯敦

重新改過的講義發下去。

協會人員問我：「老師，你為什麼要這麼費工？」我解釋：「資訊是不斷更新變動的，我必須提供學生最新最有價值的資訊，並結合我過往經驗，完整分享給學生。」

因此，我會針對全球供應鏈狀況收集資料，甚至調查學生公司背景、財務狀況，結合成新的簡報檔。每一次學生上課，都可以聽到不同且符合時需的內容。

我之所以不斷調整修改講義，是受到已故時裝設計師維吉爾・阿布洛（Virgil

Xuan 劉軒

講我想講的故事

「劉軒老師，那個……您定的題目很好、很棒，但我們擔心觀眾聽不懂。還是您要不要講您跟父親的故事？」中國節目《我是演說家》第二季的導播詢問我，或者說，是「建議」更加適合。

聽到這，我就知道為什麼對方要找我參加那個節目了。畢竟，「劉墉」這個名號在中國才是真正的「頂流」。把劉墉的家庭八卦拿出來講，必然保證收視票房。

「不好意思，我還是比較想要講心理學的

Abloh）的啟發。他曾是路易威登（Louis Vuitton）的創意總監，也是該品牌首次由黑人擔任此職位。

他最為出名的就是在設計時裝時，將他工程背景的「半成品（Work in Progress）」概念融入其中。他的許多時裝作品看起來就像設計到一半而已，然而對他而言，那是該作品最完美的模樣。

這種半成品概念也可以在肯伊．威斯特的音樂作品中看見。他在上架歌曲的前一刻，甚至仍在編修，或是上傳後還會持續修改。這種看似半成品的音樂，實質上是他精益

內容。我希望可以透過貴節目，帶領大眾認識重要的心理學知識。我相信，用對的方法講述，心理學也可以很有趣、很好懂。」

導播面有難色，仍不斷試圖說服我放棄心理學講題。

我可以理解他們為何想對我的演講選題下指導棋。在他們的立場，這樣做也很自然。但我的價值觀告訴我，我應該要講我真正熱愛的東西。

我堅決表示：「如果不能講我想講的東西，

Shelton 詹斯敦

求精的表現。

我因此反思，我的工作，是否也可以採取類似作法。

我承接了美國國際物流協會台灣分會理事長一職，並固定在週六開班授課，講解供應鏈的知識與應用。

如按照過去我的作法，只要沒有新的知識出現，我大可一份簡報不斷沿用下去。但因為半成品的概念，我現在會臨時把簡報「打掉重練」。

Xuan 劉軒

那請原諒我無法參加貴節目錄影。」

最後導播妥協，同意我講心理學的內容。

節目播出後，導播打電話給我，興奮地說：「劉軒老師，您太厲害了，您上台演說的那一段，當天收視最高啊！」

後來，我一路靠著演說心理學相關內容，贏得該季總冠軍。

自己永遠在，卻等待發現

曾經，縱使我做了再多努力，他人眼中的

因為麥克斯的提醒與引導，我認知到休閒消遣固然重要，但不斷學習新的知識與技能更加重要。

我從尊敬的對象身上，學到的珍貴思維邏輯，方方面面替我增加更多機會與優勢。

心的養分，來自萬物

從前，因為爸爸灌輸的觀念，加上我忙於事業，根本無心彈吉他。甚至覺得彈吉他浪費時間。那些時間若拿來多接洽幾個客戶，豈不是更值得？

我，是成功、沒有低潮或挫折的。但那樣子的我，不是我。

我很了解不被認同、找不到自己的痛苦。因此，幫助人找到自我價值，是我追求的重要目標。

我開設的工作坊，會藉由冥想的方式，帶領學員做一場生命終點之旅：

當自己來到人生盡頭，要離開這個世界，這時，想對親人、朋友、伴侶說些什麼話？

透過這樣的想像歷程，許多人得以明心見

Shelton 詹斯敦

自從教練引導我，依從內心深處的愛好，認真彈吉他之後，我有了更多與自己內心對話的機會。從自我對話過程當中，迸發的創意常在工作與生活許多方面帶來出人意表的成果。

現在彈吉他已經成為我日常一部分，每星期都會上一次吉他課。不僅如此，我還開始研究古董車，從車體的設計到品牌歷史，了解一台古董車的誕生到停產，刺激我對經營事業的更多想像。

原來，彈吉他並不浪費時間；花一整天時間，開著古董車馳騁在東部沿海公路上，

性，發現那些真正對自己而言重要的事物，或是發現他所追求的某些事物原來一點也不值得依戀。

有些人從冥想中的生命終點甦醒時淚流滿面地說：「我要改變，我不能再忽略我的家人與孩子了。」也有人激動地說：「我突然想清楚了一些事。」

Xuan 劉軒

曾經我對自己很陌生，但找到了自己的人生價值觀，並實踐自我價值，讓我每一天都過得更踏實、更堅定，在一日復一日的努力中，讓人生更完滿。

也不是一無所獲；研究時裝的設計理念，以及音樂的創作想法，更不是白費功夫。

這些是滋養，是最好的養分，帶領我感受不同文化、思維邏輯，突破框架，讓我活得更加充實，也活出詹斯敦最真實的模樣。

我也希望讓更多人發現他們的心，發現他們心中的自己。

這也是為什麼我後來發現：「用正向心理學幫助人認清自己的價值、實踐出更有意義的人生」，這件事自然而然地成為了我的「天命」。

超男的心智成長進化論

「教練，我真的快煩死了，我有一批貨的規格弄錯，可能損失好幾百萬元，我今天實在是無心上課了……」一個學員抱著頭，露出最脆弱的那一面，對詹斯敦說。

詹斯敦聽了後，先安撫他的情緒。他瞥見學員的辦公室角落躺著一把吉他，詹斯敦走到吉他旁，拿起來問：「你會彈吉他？」學員緩緩地抬起頭看向他：「那是很久以前的事了，我現在可能沒心情聊這個……」

沒等學員說完，詹斯敦接著講：「我們今天課程的回家作業很簡單，你接下來這一星期騰出一個小時的時間，專心彈吉他。」

他不可置信地回答：「教練，我現在水深火熱，你還要我彈吉他？」

「對，相信我，花一小時就好，手機關掉、遠離電腦，專心彈吉他。下星期告訴我彈完的感想。」

他勉為其難地點點頭，看著手中積滿灰塵的吉他，若有所思。

透過萬物，找到自己

下次課程，他一見到詹斯敦，先是開心地說他成功度過事業難關，避免了數百萬元的損失。接著興奮地說起他彈吉他的心得：「我上週六下午，特別騰出時間彈吉他。當我手指觸碰到弦的時候，好像有一道電流通過我的全身，喚起我細胞的記憶。只彈一小時，真的不夠。」

「那你感覺如何？」詹斯敦笑著問。

「我感覺棒透了，我好像又找回當初那個熱愛彈吉他的自己，也回想起以前我對音樂是多麼熱愛。而且彈完吉他，我心情好放鬆，思緒變得更加清晰，頓時冒出好多新的點子。像是我想到之後產品可以如何改良，對於新產品的行銷也有了新的想法。」他激動地分享心情。

有了這次經驗，這名學員後來每星期都會固定騰出時間彈吉他，他甚至還舉辦了小型發表會，一圓他的音樂夢。

身為人生教練，我們帶領學員理解：看似不緊迫必需的事物，其實可能帶來很大幫助。

我們輔導過的許多學員，往往都把自己掐得太緊，瘋狂工作、加班、應酬，讓自己的時間填滿，造成忙碌疲累。而他們選擇的放鬆方式，卻常是給人生帶來諸多害處，像是酗酒、縱性。

男人，要能讓自己的人生留下空間容納新的事物。我們常對學員說：人生就該如同心臟一般，得先有空間讓新鮮的血液充滿，才能再發力將血液打到全身各個部位。

若男人的所有時間與心緒，都被當前的工作要務所佔滿，就沒有空間接受新的元素，也不可能有靈感與創造。

劉軒意識到自己是個工作狂，需要為自己的心清出空間容納新事物。於是他買了一套電子鼓，利用工作之間的五到十分鐘，戴上耳機，挑一首喜歡的歌，盡情地打。打得好或壞都無所謂，重點是在那幾分鐘內，他的大腦獲得充分的放鬆，騰出空間，得以重新感受萬事萬物及內心的直覺。耳機拿下，他又有了工作的動力與效率。

放鬆、感受，讓他更心有餘力，生活不再被事業羈押，也不再為了他人的期待而侷限自己，甚至忽略自己真實的感受。當自己成為最重要的核心，便可專注於內心深處的價值，對所有事物清醒地評估與安排，獲得更有意義的人生。

忠於自己，抉擇萬物

要找尋自己是什麼樣的人，以及為自己定義人生的面貌，是很抽象的。劉軒提供五個問題，幫助男人釐清人生價值觀。不妨問問自己，你是否有清楚的答案呢？

1. 每天早上醒來，我想要如何面對鏡子裡的自己？
2. 我選擇如何支配我的自由時間？
（這些選擇背後的原因，以及選擇時內心的感受，可以告訴你許多有關自己的內心需求和價值。）

3. 至今，我對自己人生的哪一件事感到最驕傲？在那一刻，我實現了哪些重要價值？
4. 什麼樣的行為、場合或個性，是我絕對無法接受的？（了解自己最厭惡什麼，也往往能告訴我們，在相反的一面，我們最看重什麼。）
5. 當我成為魂魄，漂浮在自己喪禮後的聚會上，我期待聽到親人和老友們說我的什麼好話（或壞話）呢？

以我們另外一位學員王韋閔為例吧。他是金融理財圈的名人，為了建構自己身為金融專家的「人設與品牌」，長時間以來只接觸金融領域的知識，與他內心所喜愛的歷史保持距離。

在教練的引導討論後，他決定固定花時間投注在自己感興趣的歷史讀物。一陣子之後，他給我們這樣的反饋：「再次自在地閱讀歷史，讓我悠遊探索於無窮時空，帶給我極大的享受。歷史長河中各種時勢的變化，與我的金融知識互相印證補充，讓我的專業見解更為豐富與立體。」

無論是投資、擔任講師，或是財經專家作者的事業，王韋閔在投入時間探究歷史之後，都有極為亮眼的成就。

男人要忠於自我內心：認同什麼，不認同什麼，要走哪條路，要花時間在什麼事情上，要成為什麼樣的人。知行合一，正心誠意的男人，才可以將自身力量發揮到淋漓盡致。

超越自我的男人，從內心的專注與豐盈開始

男人追求事業，卻忽略了自己內心的追求，停止認識自我，是非常可惜的事。當男人找到發自內心的目標，願意花費時間投入其中，就能找回感受

與創造的能力，不只成就自己，更能創造助益社會的價值。因此，我們相信：

身為一個超越自我的男人應該珍惜自己獨一無二的心智，並且給心智需要的滋養與澆灌。

我們會意識到盲目過日子所帶來的心靈代價，因此擬定培養興趣、找到自我人生價值觀的方法。

我們會積極找尋自己的人生價值觀，並持之以恆貫徹實踐。

我們會培養興趣，追求自我真正喜好的事物，不停止學習與探索。

我們會擁有更正向積極的心態面對各種挑戰，也更明白自己的價值觀如何幫助自己獲得更有力量與滋味的生活。

培養興趣、學習新事物，對於男人不再是浪費時間的一件事。如果男人願意投入時間，讓內心越來越專注而豐富，將會替男人的事業、家庭等不同面向帶來更多新的啟發與想像，並貫徹於今後所做的每一個決定，擁有更正向、更有效益的人生。

當男人釐清了自己的人生價值觀，打從心底誠實地成為自己，**他，就是超男。**

第八章

男人的生命，定錨於無限的大我

詹斯敦／相信，心靈走入更深境界

某藝人緋聞在媒體上鬧了好幾天，亞曼達顯然受到了影響。她多次提出：「我們再結婚吧，不然我想跟你分開。」

「我們現在的關係，讓我非常沒有安全感。你是男人，年紀不是問題；但我是女人，時間流逝，卻沒有定下來，讓我很焦慮。我不想再等下去了。」

這段話，她最近說了好幾次，我其實真的

劉軒／感悟，心靈觸及超然大我

一天傍晚，我打開窗戶，鋪軟墊在木地板上，放鬆坐定。閉上眼睛，開始冥想。

起初，我感受到的是陣陣微風穿過紗簾，吹拂我的每一寸肌膚。微風就像是大自然的餽贈，不分你我，人人都能接收這份禮物。

我在寧靜中體悟大自然的無私與浩瀚，賜與我們呼吸、生存以及能夠體悟祂的心靈。

很害怕再次失去她。

幾年前的我，也許立刻會在愛情與懼怕面前屈服，為了確保不分手而立刻結婚。

但心中有一句話，不斷提醒我：「為了完美的愛，不要因懼怕而決定。」

天堂的光，照進絕望

多年前，我的外婆病重，住進醫院安寧病房。我和家人們輪流在病榻旁陪伴，心情沉重。

Shelton 詹斯敦

那一刻，我彷彿稍稍明白佛家的「無我」，內心也感受到前所未有的平靜。

與宗教親近又漸遠

八歲時，我剛到美國，環境的鉅變讓我無所適從。奶奶常陪我在床邊禱告，祈禱天父安慰與引導那個難以融入當地的自己。

中學時，我上了私立天主教學校，學校的課程中包括天主教義，宗教氛圍濃厚。

只不過，對叛逆期的孩子來說，陽奉陰違是常有的事。有些同學在學校時領帶打得

Xuan 劉軒

某天我在病房，聽到敲門聲。有個陌生人以溫柔的口氣詢問：「先生您好，我是鄰近教會的牧師。您介意我們替您的家人進行簡短的禱告嗎？」

他的話雖讓我感到疑惑，但我還是接受了他的好意。牧師的禱告，讓我悲傷的心感到平靜。

禱告結束後，牧師誠懇地問：「如果您們願意，我們的會友之後再來為您們禱告。好嗎？」

後來，牧師多次偕同會友來到病房陪伴我

整齊，衣服紮得嚴實。然而出了校門，就會立刻變了個樣。男生收起領帶，衣服故意紮一半；女生則會把裙子摺到膝上。

那些看似虔誠的天主教徒，私底下與「虔誠」二字差得老遠。

而我呢，稱不上是天主教徒，更不是一個虔誠的基督教徒。當我與奶奶去當地華人教會，大人們都認真做禮拜時，我則會偷偷溜到小房間找牧師的兒子。我們會一起聊天嬉戲，有次他還拿出了幾本兒童不宜的刊物和我一起看。

的外婆，直到她離世。出殯那天，他們甚至參與全程，不收取分毫。其中一人臨走前對我說：「詹先生，若您願意，可以到教會走走。」並留下一間鄰近我家的教會資訊。

數年後，我與第一任妻子感情觸礁，受到極大打擊。內心徬徨無助之際，想到了那位陪伴我外婆走完人生最後一段路的牧師。我從抽屜深處找出當時牧師提供的地址。

一開始半信半疑地參加教會禮拜，後來我每週固定安排時間上教會。我從牧師的佈

「虛有其表」是我兒時對宗教信仰的第一印象。

上了史岱文森高中，學校沒有了宗教色彩，我也接觸到更多擁有不同信仰背景的同學，如印度教、猶太教等等。

但對於年輕人來說，信仰與心靈的話題都極為遙遠，宗教活動都是「酷」的標準反義詞。

我們每天關切的主題都是「我」。「我」能否交到女朋友；「我」下課要去哪裡玩；「我」上大學要讀什麼。忙著關心這輩子

道獲得啟發，找到歸屬；教友陪我度過最低潮的時光，當我離婚時給我溫暖的擁抱，替我禱告。

透過牧師的引導，以及教友的陪伴，我漸漸地在教會找到內心的平靜。

最後我懷抱著活出新生命的期待，決定受洗。我在神的引導下，走出傷痛，並重新步上人生軌道。

迷途知返的孩子

幾年後，我與亞曼達結了婚，搬到上海，

都來不及了，探討永恆的信仰顯得不切實際。

隨著年齡增長，我逐漸發現一些原本看不到的事物。

聖誕樹下的無價禮物

我有一位美國朋友，他幼年時，家人是一個教派的狂熱信徒，對他造成極深的傷害與痛苦。他十幾歲時開始質疑與反抗，最後遠離家人，靠著一己之力賺錢、養活自己，直到長大。

Shelton 詹斯敦

事業衝刺發展。那時的我志得意滿，認為自己無所不能。

隨著我工作越來越忙碌，去教會次數逐漸減少，也不再花時間閱讀與思索聖經。我的信仰焦點漸漸從上帝移開，取而代之的是人民幣。

那些基督信仰所教導我的待人處世價值觀，也全被我拋到腦後。我結交了一群酒肉朋友，時不時花天酒地。我常常忽略了亞曼達的感受，沒有盡到丈夫的關愛責任，與她的關係日益惡化。

Xuan 劉軒

後來他成為一名徹頭徹尾的無神論者，對於任何宗教意味的事物都徹底反對，常常會與信教的朋友激辯。

例如他認為：「既然送孩子禮物的聖誕老人不存在，對孩子謊稱有聖誕老人，就是一種欺騙。」當有人認為這是節日氛圍、是給孩子的一個美好想像，他都嚴厲批判：虛偽、鼓勵迷信。

認識他大半輩子，他從來不相信宗教，也沒有任何信仰。他只信眼前所見、雙手可觸的事物。

回頭看當時的自我，為了追逐事業，忘記了我的信仰；為了達到我心中認定的成功，我背棄了神。

隨著我的內心遠離信仰，我的生活開始出現裂痕，最後全然崩毀。

初接受人生教練輔導時，我和他說起心中最大的遺憾與痛楚：「我跟生命中重要的人關係都不好。我仍然怨恨父母親，活到這個歲數，我還在對他們叛逆；我讓亞曼達受盡委屈，最後親手斷送了我們的婚姻；我不知道怎麼照顧我的孩子，深怕自己無法成為一名負責任的父親。」

但就在幾年前的聖誕節，他傳了一張照片給我。那是他與孩子站在聖誕樹下的合影。他笑得燦爛。

「這是我特別買給孩子們的聖誕樹。雖然我還是不相信神的存在，但如果孩子相信上帝曾化為人形，在這一天來到世上，而這種信念可以帶給他們希望與快樂，我願意成全他們的信仰。」他和我分享。

我好奇問他：「你怎麼從一個嚴格的無神論者，變成一個支持信仰的人？」他的回答令我低迴思索：

Shelton 詹斯敦

「現在信仰對你而言還重要嗎？」他這樣問我。

回想到上海打拚事業的過程，回台灣後婚姻再次破碎，我充滿感傷，我回答：「我很久沒有聆聽上帝給我的話語了。我迷失方向，將重心完全放在事業上。丟棄信仰對我內心的指引，讓我在許多事情上一錯再錯。」

教練點點頭說：「你要不要回到信仰中找找解方？」

在他的建議下，我重新開始研讀聖經，並

Xuan 劉軒

「某一天，我開車回家，車子突然失控翻車。奇蹟似地，我只受輕傷。還有一次，與女兒下棋時，我突然暈厥。等我清醒時，有一位醫護人員正在幫我做心肺復甦術。後來才知道我是中風了。

我驚覺人生無常，人是多麼渺小且脆弱，一剎那就會消失。如果死去之後一切成空，我們的人生有何意義？在我們可見的世界之外，真的沒有另一個世界、一種比我們更偉大的存有，值得我思想與感恩嗎？

在這個年紀，經歷這麼多危難與意外，我的想法開始有所改變了。」

且思考牧師、傳道人對經文的講解。我逐漸意識到，其實我的信仰，早已給了我解答。

如《以弗所書》第五章二十五節中所載：

「你們作丈夫的，要愛你們的妻子，正如基督愛教會，為教會捨己。」

每讀聖經，我總是發現其中早已載明行事為人的原則，以及身為丈夫、兒子、父親的責任。只因我長時間忽略信仰給我的指引，並以錯誤的態度看待我的事業、家庭、甚至我自己，以致於我偏離正軌，摔得人仰馬翻。

我沒有特定信仰，也不是無神論者。但這位朋友的故事，以及許多與之類似的經驗、思索、智慧，讓我逐漸相信：人需要信仰，信仰帶給人力量。

心理學與信仰的相互印證

對我而言，宗教之間並不互斥，古今智者們探討與追求的主題大致近似。大多數宗教追求的都是更明澈的個人心靈、更和諧的人與人關係，以及更美好的大同世界。

我開始重新思索早年接觸過的基督教、天主教，也喜歡到不同宗教場域，感受現場

Shelton 詹斯敦

聖經《路加福音》中，有個故事描述一個浪子叛逆離家，吃苦之後方迷途知返。再次拾回信仰初心，我覺得自己正像那個浪子。

人生教練引領我重新深思自己的信仰。在重新與神對話的過程中，我慢慢明白身為男人需要具備的重要價值觀，同時也助我逐步將人生駛回正軌。

尋找的，就必尋見

人生教練讓我理解到，我的生命，可以從信仰找到方向。也因為信仰的啟發，讓我的寧靜與深遂。

許多人認為宗教信仰和科學相斥，但我看來絕非如此。我常常能透過心理學的研究理解宗教所描述的神聖感，以及大我意識。

Xuan 劉軒

有一個讓我非常感動的例子。一位非常知名的腦神經科學家吉兒．泰勒（Jill Bolte Taylor），某天起床後發現自己中風了。正當她的大腦逐步失去作用時，她卻感到身體逐漸與周遭萬物融為一體，她的感知超越了肉體限制，彷彿靈魂出竅一般。

在這個命懸一刻的狀態下，她沒有感到悲

願意發自內心幫助他人、建立正確事業、婚姻價值觀。

樂於助人

在出版《千分之三的意義》前，我從未想過自己有能力幫助別人，也鮮少想過主動幫助別人。

重拾信仰後，我的信仰告訴我要樂於助人，《使徒行傳》第二十章三十五節中寫到：「施比受更為有福。」因此我將自己教養聽損兒的經驗寫成書，幫助其他有一樣遭遇的父母親找到方向。

苦，反而體會到所有傷感與憂愁頓時消失，留下的只有平靜與喜悅。那天早上，她因為中風而體會到「自我意識」逐漸消失的感覺。

經歷大劫，體會過「自我意識」消失之後，還能用清晰的科學語言，描述自己一切體會與感受，這樣的案例極為難得，泰勒博士的經歷給全世界的聽眾極大的震撼。

當我看到她的演說，我直覺地將這種體驗與佛教的「空」結合在一起。

當人看空了一切差別、有無，困擾心靈的

Shelton 詹斯敦

正直為業

在商場上，多數人盡其所能賣出更多的商品。能讓客戶買下十套軟體，當然不能只賣他八套——這樣才能有更高的業績與獲利。至於多賣給客戶的產品，到底能不能發揮價值，讓他買得值當？生意人通常不去思考這個問題。

在商場摸爬滾打多年，這些價值觀有時候也迷惑、影響我。

但重新確立信仰後，我檢視自己的事業價值觀，決定徹底與業績導向的逐利思維劃

Xuan 劉軒

一切執念，甚至「空」到一定程度，連「空」都感覺不到，這樣的狀態是否近似佛教的核心概念，甚至是人類能體會到的至深境界呢？

信仰價值，人生體現

我從友人的身上看到信仰的價值，也從心理學的角度印證信仰的力量。

我重新思考在有限生命當中，如何找到自我信仰、從中獲得啟發，甚至透過具體實踐感悟那個無形無狀、無言可名的「大我」。

清界線。我一定要確認自己的產品對顧客是有幫助的，才會建議對方購買。如果為了自己獲利，誤導客戶買下對他其實無益的產品，對我而言其實是「不義之財」。

《箴言》第十三章十一節經文是我的指引：「不勞而得之財必然消耗；勤勞積蓄的，必見加增。」

如果我賣的產品不能替客戶創造超出產品價格的價值，那我寧願建議他不要買——這是我在上帝面前持守的事業價值觀。

從大自然找到療癒

從身處大自然的經驗，我發現人類長時間受困於都市，面對的是人與人之間無盡的競爭、逐利。親近大自然時，可以發現大千世界的自有自在、無欲無求，卻無比美好。每當看向海洋、山巒、天穹，總能抒解我鬱悶的心懷。

不少研究指出，接觸大自然本身就有療癒效果，有時比藥物更有益於身心困擾的人。

我漸漸體會到，天地本身就有運行的邏輯與規律，而萬物（包括人類）化育生存在

以愛成家

有一陣子，電視輪番播放某藝人分分合合的花邊新聞。亞曼達轉了台，眉頭深鎖地告訴我身為女人感到的焦慮：「女人的青春真的很有限。我真的需要立刻知道你有沒有想和我定下來。如果不能有婚姻的承諾，我們還是分開吧。」

聽著她略為激動的話語，我回想起多年前她問我要不要結婚的情景。那時我出於對她的著迷，沒有想清楚兩人是否合適，就與她走入婚姻。最後事實證明，我們當時都操之過急，在還沒準備好的情況下，就

Shelton 詹斯敦

天地之間，豈不該順應天地的脈動而生活？

老祖先透過觀察與經驗，歸納出各種變化，例如二十四節氣，確實反映出人類生活與大自然的感應相通。

因此，我時常固定安排時間到郊外走走，並帶著孩子一起。相信從小親近大自然，可以帶給他們更正向、開闊的心靈。

從內心找回沉靜

我有時會把房門關起來，杜絕任何噪音，就

Xuan 劉軒

急著訂下婚約。

接受教練輔導時，我其實非常想要挽回與亞曼達的婚姻。然而，對於我倆是否準備好再次步入婚姻，以及我們是否真的適合成為夫妻，可以攜手生活一輩子？坦白說，我仍不確定。

我確定的是：如果再次結婚，婚後仍然發現過不去的瓶頸，在衝突中撐個幾年之後再次離婚，對我、對她，對我們的孩子，都將是極沉痛的打擊。

如果是幾年前的我，因為愛她、不想讓她

靜下心來冥想、禱告。

從心理學角度來看，當我們祈禱的時候，同時也是將自己的願望外顯出來，並且專注地想像。這個過程就像一次次心理排練，可以有效降低擔憂與焦慮，甚至可以幫助自己完成禱告的目標與夢想。

我相信禱告或是冥想的重要性，撇開別的不談，光是待在一個安靜的空間中，閉目呼吸，就足以平穩心情，帶來深沉的喜悅。在冥想之後思維清晰，靈感湧現，更不待言。

Shelton 詹斯敦

生氣或難過，更害怕她會離開我，我很可能立刻答應與她再次結婚。

但這次我沒有。

經過人生教練的引導，我已經知道：在愛中，不應該做任何出於懼怕的選擇。

在《約翰一書》第四章十八節有這麼一句話：「愛裡沒有懼怕；而且完全的愛能驅除恐懼（錄自聖經當代中譯本）。」這句話如當頭棒喝，點醒了我：如果我因為害怕而做出選擇，這不是愛。

Xuan 劉軒

而禱告並非要有一位已知的神作為對象，你可以對宇宙、大自然，或是一個你想像中的至高無上存在，投射你的願望。

從人生追尋大我

向比自己更高層次的存在禱告，讓我意識到，我自己之上有一個更偉大、更有智慧、更長遠的宇宙。

我，劉軒，只是這浩瀚宇宙的一小部分，微不足道到連一粒沙子都不算。

但同時，我相信我出現在這裡一定有原因。

若我對亞曼達有「完全的愛」，我就要勇敢，在毫無懼怕的狀態下，誠實地、堅定地，做出對我們全家而言最妥當的抉擇。

回歸信仰給的指引，我對亞曼達誠實地說出我的判斷：「親愛的，我想我們還沒準備好。」

我知道在我們雙方都還沒真正準備好重新擁抱婚姻時，貿然結婚只會帶來二次傷害。我們應該要溝通清楚我們之間的關係，並接受它，共同策劃未來。

於是，我提議繼續維持目前的關係，直到上天安排我成為劉軒，肯定有其理由。

既然如此，我要好好把這一輩子活得有價值。

這也是我與詹斯敦在「超男計畫」當中不斷強調的一件事情：當男人想要成為一個有堅定價值觀的人，就必須先對自己存在的意義有所思考。

我常常省思自己：我為何來到這裡？我現在是什麼樣的人？我要走向什麼樣的人生？我要如何過，才是發揮自己存在的意義，能讓自己此生無憾？

Shelton 詹斯敦

找到我們共同的未來目標，再接著討論下一步。

很神奇的是，我告訴她決定之後，她非但沒有離開我，我們反而更加親近。她冷靜深思後對我說：「你的決定是對的，我們不應該貿然結婚。」現在，我們雖不是夫妻身分，但我們的感情關係更勝以往。

如今，我回到對上帝的信仰中，以愛、善良、正直為價值觀，這是照耀人生的永恆太陽。

Xuan 劉軒

這絕不是虛無的空想。每一個追尋意義、思索大我的人，都會感受到，在不斷省思的過程中，我們的生活會變得更加踏實、自在。當我們越懂得善用有限時間做真正有意義的事情，我們能享有醇美的內在生命品質，並讓世界成為一個更美好的所在。

超男的
靈性精神進化論

和人說起信仰的時候，人常說：我有拜拜求平安；我會上教堂做禮拜。

不能說這不是信仰，但也不只這樣。

信仰邀請我們以更廣闊的角度思考人生意義：超脫自我，顧念人群，悲懷眾生，乃至宇宙萬有。

信仰提醒我們依據長遠的時間尺度評估價值：個人生涯、先祖與子孫、古往今來、前世今生，乃至千古永恆。

信仰不只是關於本週運勢；更是關於人生要為了什麼而活，以及要怎麼活。

信仰探討的不是人生的周邊裝飾，而是人生的架構藍圖。

我們對人生依循的原則、價值、理念，越是基於完整深刻的省思，我們就越容易在面臨挑戰時堅強，在困頓艱難時奮進。

讓成為取代擁有

埃里希·佛洛姆（Erich Fromm）說：「人的一生總在追求『擁有（having）』與追求『成為（being）』之間擺盪。追求擁有時，目標是外界的金錢、名譽與權力；追求成為時，目標是內在的仁愛、分享及給予。」

佛洛姆這句短語，深刻且清晰地將人的生命劃分為兩個狀態。

當人生不斷追求「擁有」，如賺進多少錢、擁有多少房產、名車，若這些事物一朝失去，人將會感到生命抽空、惶恐不安。而追求「成為」，則是關注自我的內在狀態的提升，例如：我要成為一個演奏家、我要成為一個寬厚的人、我要充滿想像力。追求「成為」之路，操之在己，不因外在運勢而變化，將獲得無法被奪去的內心喜樂。

當人朝向「成為」努力，將走向找到屬於自我的人生價值——此即美國著名心理學家亞伯拉罕・馬斯洛（Abraham Harold Maslow）所提出的「需求層次」理論。馬斯洛認為，人類的最高層次需求是「自我實現」。當我們成為心中想要成為的人，我們內心能得到最大的滿足，最深刻地體現人生價值。

然而在追求自我實現的過程中，我們會碰到困難與考驗，甚至是迷惘，找不到方向。

此時，信仰即成了我們追求人生終極目標的燈塔。當我們因為生老病死、家庭、婚姻、社交方面的挫敗，感受到生命破碎時，能帶我們離開泥淖的往往是信仰。信仰能在我們內心產生源源不絕的力量，帶領我們超越自我，完滿我們的生命。

從內在湧現的豐足

當我們願意對人活著的意義與目標有所思考，下一個重要課題是：方法。

人的一生難免偏離航道，走上崎嶇的岔路，跌得渾身是傷。如詹斯敦經歷了事業、婚姻、家庭的挫敗，犯下許多錯，嘗到遍體鱗傷之苦；也如劉軒，抓不到人生奮鬥的目標，縱使百般嘗試，卻仍毫無頭緒。

他們如何回到人生的軌道？信仰在其中發揮了強大助力。

詹斯敦從聖經中找到愛的真諦，了解無懼才是愛人的方式，踏實地與另一半共同經營「完全的愛」。而劉軒則從大自然、佛教中參悟了大我的意涵，更從中找到平靜，體會奉獻與助人的生命意義。

我們常告訴學員：「無論你相信的是超然的啟示本身，或是過往信仰追尋者留下的體悟心跡，信仰遺產都可以給你珍貴的參照與提醒。」

我們會建議學員，可以透過經書研讀，如佛經、聖經、古蘭經、道德經等等，從流傳千年的智慧典籍中找到關於現世人生的提醒。如同詹斯敦從聖經找到婚姻、事業、家庭的經營之道；劉軒從佛教義理揣思「色不異空」的意涵。這些，都能在迷途中提供指引，在紛亂中帶來平靜。

除了閱讀經書，你也可以藉助儀式，如祈禱、冥想、歌詠，都可以有效平穩內心，帶領你進入深沉的省思。

如劉軒帶領工作坊的學員進行慈心禪（Metta Meditation），他會先請學員閉上眼睛，回想三件自己畢生最感恩的事情，回到那個時刻，深深回想當時的感受，把當時的美好感受帶回心裡，最後將這些感受作為禮物，回贈給世界。

劉軒形容這過程：「我們幫助人們更深碰觸自己的內心。懷著正向的祝福，呼應大我的心念，甚至很多學員在過程中會感動落淚。在結束工作坊之後，許多人都發現這樣的內在經歷，在很久之後，對於自我內在、人際關係有很正面的影響。」

作為超男，我們可以從追求「擁有」的人生境態，逐漸走向追尋「成為」；可以更願意付出自我、幫助他人，而非懼怕付出，固守我執。奉獻給大我，人的生命才得以顯現其價值。而這過程中，我們也會因為對大我的敬畏，而懂得謙卑，進而不斷改善、修正自己的人生。

正如我們不斷強調，男人要從A到A⁺，才是最難的。而信仰，給男人改善自我的終極方向、勇氣，以及力量。

超越自我的男人，從建立信仰開始

當男人因為事業、家庭、婚姻受挫而迷惘，尋求信仰可以讓我們更明白人生的深層原則，進而發揮自我價值觀，實現更大的自我。

我們會意識到探索信仰、體悟大我的重要性，並反思自身的缺乏。

我們會設定建立信仰的目標，並追求更富足的內心，更貼近大我的生命狀態。

我們會知道自己必須將建立信仰視為自身責任，並在人生中不同面向堅定實踐。

我們會從祈禱、歌詠、研讀經典、聆聽智者經歷、閱讀哲學深思等種種方法，不斷深化對信仰的體悟，修正自己的價值體系。

我們會擁有更無私的大我精神，從信仰獲得力量，讓我們待人處世更忠於自我、超脫自我。

人的一生，如果一味地追求功利、權力，而迷失了方向、失去指引，人生很容易就會失衡。各種宗教、智慧的信仰者、甚至心理研究者都告訴我們，透過信仰，能讓我們的生命從淺薄走向深刻，從脆弱走向堅強，從自私走向博愛。當男人理解到信仰的重要與價值，並依循信仰的指引找回人生的平衡與自我價值觀，**他，就是超男**。

第九章

成就超男，替人生做一個無憾的選擇

詹斯敦／超越自己艱辛且必要

我的人生曾經像鬆弦的吉他，跑音走調、荒腔走板，家庭、事業、心靈狀態等，都在糟糕不堪的狀態。

在人生教練的提點與引導下，我的人生慢慢回到常軌，甚至行進得更順暢，也更有目標。

我與家人的關係，包含亞曼達、我的爸媽，芥蒂逐漸化解，相處比以往融洽許多。我

劉軒／人需要答案也需要陪伴

推廣正向心理學，一直是我人生的一大目標。

多年來，我透過書籍、社群媒體等管道和讀者們分享正向心理學的意涵，但仍不比面對面和學員實體講課，可以視學員真實狀況與需求，提供深刻的講解說明。

即使我也擔任講師，在工作坊中輔導學員無數，但每次結束講課、跟學員道別時，

也更知道如何與家人溝通、給予他們需要的愛。

我先前的事業雖然在上海畫下句點，但我在教練引導後，重新發現事業目標。例如我成功憑一己之力替喬治亞理工學院募款到一千萬美元，建造深圳創業孵化以及創新中心，遠遠超出我設定的目標。

更重要的是，我承擔起單親爸爸的責任，重新梳理我的生活。從一個連孩子書包放哪都不知道的父親，到井井有條地替他們安排日常，並成功讓衛斯理在五歲前流利開口說話。

Shelton 詹斯敦

我總感到課程時間太有限，我真的不確定每一位學員吸收、理解了多少。我也不知道，他們踏出門後遇到真實的人生問題，是否能順利運用我教的方法與技巧？沒有一段夠長的時間，近距離、手把手協助引導學員們，總是我無法克服的遺憾。

我開始思考，如果我一直告訴別人怎麼做，充其量只是知識變現，稱不上幫助別人。

如果我想要真正有效地改變一個人的思考模式，幫助其獲得更美好的生活，確實地實踐正向心理學，我該怎麼做？這個問題，一直在我心頭縈繞。

Xuan 劉軒

若沒有接受人生教練的引導，恐怕我這把吉他，只會積滿灰塵，毫無作用。

我想幫助其他男人

「你現在最想做的事、最想達成的夢想是什麼？試著寫下來吧！」第一堂課我的人生教練就要我寫下我的夢想。

我提起筆，不帶猶豫地寫下：「我想要幫助其他同樣面對生活困境的男人，重回人生軌道。」

看著我握著的筆寫出這一行字，連我自己

正向心理學與人生教練的不謀而合

在接受詹斯敦的輔導過程中，我發現人生教練系統，與我多年來深入研究、不斷推廣的正向心理學有諸多不謀而合之處：

兩者追求目標一致

正向心理學與人生教練的目標都是「讓人發揮潛能，過一個更富足的人生」。正向心理學之父馬汀．塞利格曼（Martin Seligman）博士曾形容正向心理學為：「以

Shelton 詹斯敦

都覺得意外。我在狀態這麼不好的時候，寫下的第一個夢想竟不是為了自己，而是幫助其他男人。

透過人生教練的引導，我的人生在半年內發生了一百八十度的轉變，從一個失魂落魄的頹廢男人，成為一個明白自己核心價值觀以及充滿自信的男人，每個和我接觸互動的人都感受到我的改變。

整個過程中，看得最清楚的，莫過於我的人生教練。在課程尾聲階段，他建議：「你如果想幫助其他困境中的男人，何不考慮成為人生教練？」

Xuan 劉軒

科學的方法來研究綻放的人生」。正向心理學試圖找到創造「幸福」的科學證據和方法；人生教練可以說是「以觀察、互動、引導的方法來幫助他人創造綻放的人生」。

皆注重自我價值

如果我們把正向心理學的研究領域「功能化」，其中包括了「如何建立意義感」、「如何對應挫折」、「如何創造好心情」、「如何與他人有交心的良好關係」、「如何有更多內在動力和堅毅力達成目標」……等，而這些也都恰好是人生教練幫助學員的範圍。正因為目標如此吻合，許多人生教練教練的鼓勵點醒了我，我立刻報名美國領導管理發展中心開設的人生教練培訓課程（Leadership Management International，簡稱LMI），朝向人生教練之路前進。

第一期課程修畢後，我完成檢測，拿到人生教練合格證書。但我覺得意猶未盡，還想要把細節學得更加通透，因此我又報名了第二次。教練說，他從未見過第二個人將人生教練培訓課程連上兩遍的。

成為人生教練後，我的第一個學員就是劉軒。他在華人地區的形象與知名度，毋需贅言。他不但成為我的學員，而且在接受

的工具都基於正向心理學的研究成果。

皆強調發揮優勢與潛能

行為中的性格優勢（VIA Character Strengths）綜合了超過十年的研究以及來自世界各個文化的資料，歸納出二十四個「有助於個人與社會正向發展」的個人性格優勢，給予了人生教練另一套有科學根據的系統，來協助人們發揮自己的內在潛力。

在我經歷教練課程的同時，我也重新審視：我該如何更高效地幫助學員獲得正向美好的人生？那些想要在人生中有所進

Shelton 詹斯敦

教練過程中發生讓我極為振奮的改變與進步。我決定，挖個坑給他跳。

找到共同遠航的夥伴

「我正在構想，針對華人男性，將你上過的教練課程延伸發展成『超男計畫』。你願意聽聽看嗎？讓我知道你認為是否可行，還是覺得我瘋了？」我輔導劉軒剩沒幾堂課時，隨口問了他。

沒想到他聽了構想之後，竟然表示大為贊同且很有興趣。我們一致認同，人生不是攀爬一座高塔，而是航行在一片廣闊的大

Xuan 劉軒

步、需要克服困難的人們，最需要的是什麼？

我的團隊投入大量時間諮詢請教、訪談調查，結果再再指向了同一個答案：陪伴。人們最需要的，不是資訊，不是知識，不是代勞，而是「陪伴」。

敲定計畫，搭肩啟航

在教練課程的尾聲，詹斯敦詢問：「我正在構想，針對華人男性，將你上過的教練課程延伸發展成『超男計畫』。你願意聽聽看嗎？」

海。我們在航道上不斷摸索，有起也有落，有機會也有挫折。因此，男人成為超男的路上，需要一位教練。

男人固然可以安穩地選擇一條平靜無波瀾的航線，但那真是自己要的人生嗎？

我相信每一個男人心中都有一股「超越自我」的渴望，我們都不想將就於現況，或是被現況打擊而倒地不起。

我太明白，超越自我極為艱難。我們都需要一個人生教練，加上一套有效的系統，幫助男人辨析人生目標，發展方法、達成

他構想的計畫敲響我腦中的鈴鐺：「陪伴，不正是詹斯敦對我的幫助嗎？不正是每個教練對學員的幫助嗎？」

我深知，若希望正向心理學在人們生命中落實、成真，勢必需要一套培訓系統，手把手引導學員在方方面面優化、提升自己的人生。

我們開始密集討論與規劃，針對華人社會環境、男性真實需求，基於正向心理學知識，分為「身、心、靈、家、事、社」六個人生面向，建構一套人生教練系統。

Shelton 詹斯敦

夢想。

「超男計畫」，於焉誕生。

Xuan 劉軒

「超男計畫」，於焉誕生。

打造航向天際的帆船

「如果有人給你一艘船上的一個席位，別問位子在哪，坐上去就是了。」臉書營運長雪柔·桑德伯格（Sheryl Sandberg）當初應徵Google一個職缺時，時任總裁艾瑞克·施密特（Eric Emerson Schmidt）給她這樣的一句提醒。其實原文是火箭，但我們認為放在超男計畫中，帆船的意象更為適切。

超男計畫，就有如一艘帆船；座位有限，只留給想要從A進步到A^+的男人。在這艘帆船上，男人將在茫茫大海航程中，找到方向、超越自我。

提供男性順風揚帆的必備燃料

近兩年來，詹斯敦固定於每個星期五舉辦「超男讀書會」。「我們會鎖定一本書，大家分享自己的看法。因為都是男性，能更深地同理彼此的處境，並且專注於彼此分享的內容。全是男性的環境，才能有最大的坦誠與專注度。」詹斯敦印象深刻：「我們有試過，只要有女性參加，男性下意識地要營造形象、注意面子、掩飾自己的弱點，討論的真實性與交流的專注度立刻渙散！」

劉軒多年來在工作坊輔導學員無數，也觀察到單純男性之間交流的價值：「男生之間一旦有了共鳴，彼此之間的連結很快就能建立起來，同時也能產生互相的信任感。」

我們都接受過發源於美國的人生教練培訓課程。對照過往人生經驗、許多輔導案例，我們深刻認知到華人男性有特殊的成長歷程、家庭關係、文化陶塑。因此，我們將人生教練思維融入超男計畫當中，並加以創新調整，使之更符合華人男性需求：

- **超越教養限制，決定自己的人生：**西方社會教養方式多給孩子自由發展空間，從小鼓勵孩子追尋自己的人生方向與目標；然而華人男性受家庭影響極大，許多父母親將自己的期許加諸孩子，成為許多男性的畢生努力目標，很多華人男性內心深處其實並不知道自己要的是什麼，連自己有沒有夢想、夢想是什麼，都需要重新思考。

超男計畫透過自己定出夢想清單，讓男人有機會重拾人生自主權，理解自我目標，掌握自己的人生。

- **不僅以事業為重，打造平衡人生：**我們看過太多華人男性從小就被灌輸「功成名就」，事業上的成功變成人生最重要的事。許多男人終其一生傾盡所有地追逐事業成就，卻忽略了家人與社會關係、自我健康、心靈信仰等重要議題，而使人生失去平衡。

超男計畫結合人生教練的引導，帶領男人一步步從「身、心、靈、家、事、社」等方方面面，找回人生平衡點。

- **不再從眾依順，忠於內在價值觀：**華人社會重視和睦，傾向壓制與主流不同的意見。華人男性縱使有自己的見解或價值觀，也常常不敢伸張、實踐自己的想法。這樣的文化，往往讓華人男性長期依順身旁主流意見與說法，無法展現真實自我。

超男計畫結合人生教練設計的課題，讓男人在人生每個面向找到自我價值觀，並依此實踐於每天的生活，做出最符合自身價值觀的種種決定。

精準設定航線

當男人願意接受人生教練與超男計畫的引導，掌握風向、揚起船帆，接著就是設定航線的時刻。

我們結合了正向心理學以及人生教練培訓課程的精髓，替華人男性設定出五大策略及方法，只要依序進行，男人就能替自己訂定出優化目標與方向。我們稱這套方法為「S.U.P.E.R.」：

- **接納自我（Self acceptance）**：認清並接受自己真實的狀態，包括能力與障礙、過往歷程與當下處境。
- **夢想清單（Ultimate goals）**：設定夢想與目標，釐清有機會達成的目標與不切實際的幻想。
- **個人責任（Personal responsibility）**：認知改進問題、優化自我的責任在於自己，不等待別人發起改變。
- **高效行動（Effective action）**：針對設定的目標找尋有效方法，擬定行動策略並付諸實行。

• **願景實踐（Realize your vision）：**堅定恆毅地往目標前行，克服困難，超越自己，實現心中的夢想。

高效率航程助你一臂之力

當男人心中常有S.U.P.E.R.的思維，為自己樹立具體的方向，並累積許多方法與工具，可以帶領我們有條不紊、舉重若輕地面對人生中各種挑戰與課題。

超男計畫強調，人生可以分成六個面向：身、心、靈、家、事、社。這六個面向之中的任何一個都不可輕忽，也不可獨重，否則人生將會失衡：

- **身體形象**：找回健康的身體、活力的精氣神；並打造適合自己，對應各種場合的個人形象。
- **家庭關係**：承擔起責任，建立原生家庭的新樣貌，以及維繫親子、伴侶間的理解與關愛。
- **事業理財**：重新釐清事業目標，避免事業影響生活其他面向，並透過財富管理，享有更多自由。
- **社交文化**：理解符合自己價值觀的社交，並進行有意識的社交行為。
- **心智成長**：找到人生熱情所在，激發學習的熱忱，進而達到自我認同。
- **靈性精神**：從信仰中找到能量，並理解大我的重要性。

我們輔導過許多學員，因為過於偏重事業發展，忽略其他面向，造成身體形象不佳、家庭關係破裂等人生危機。幸好他們及早參與超男計畫，在教練引導下重新找回人生的平衡點。在我們的引導下，許多學員也透過正視心智成長、靈性精神，重新檢視自我，建立更高的人生視角、更全局的觀照。

遠航帆船上，為自己留個位子

台灣頂尖羽毛球女單球員戴姿穎、美國傳奇籃球運動員麥可・喬丹（Michael Jordan），無論天分多麼出眾、能力多麼高強，每一位站上頂峰的運動員都需要教練團隊（而不僅一人）提供專業指導，幫助他們不斷取得更好成績。沒有例外。

奇異公司（General Electric）第八任執行長傑克・威爾許（Jack Welch）、Google公司前執行長施密特是舉世聞名的大企業家，領導的企業影響世界，他們本身富可敵國，看似無所不能，但他們都聘請了蓋瑞・蘭柯博士（Dr. Gary Ranker）擔任他們的「教練」（coach）。又如矽谷大企業家蘋果執行長提姆・庫克（Tim Cook）、臉書創辦人馬克・祖克伯（Mark

Zuckerberg）也都聘請矽谷知名教練威廉・坎貝爾（William Campbell），提供他們事業、人生的方向指引。

這些出類拔萃的人物都需要教練，更何況我們普通人？

我們需要教練協助改善人生的每個層面，有以下的原因：

● 教練是幫助我們察覺盲點的一面明鏡

有些人找不到自己人生該優化的面向；有些人則是投入努力時卻因目標偏差、方法錯誤，造成事倍功半、徒勞無功。這是因為自己最難看見自身的盲點。旁觀者清，教練可以適時提點盲點，並提醒我們避免過於偏重人生某個面向，適度地取得平衡點，擁有更和諧均衡的人生。

● 教練可以提供我們高效實踐、克服難關的技巧

為人生訂下目標只在一念之間，但走向目標，往往充滿阻礙與難關。我們時間與心力有限，非常需要有助達成目標的技巧與方法。教練除了自身的人生經驗，更參與過許多人的努力過程，可以在我們撞牆、低潮、對自己失望的時候，以客觀且專業的角度從旁引導。舉例而言：每個人都忙，時間不夠，教練常能幫助我們安排活動，同時取得多面向的效益，目標能更快達成。

● 教練是陪伴我們且從旁督促的最佳夥伴

改善人生，許多人都認為重要，但相較起完成專案、升職加薪，往往顯不出急迫性。重要但不急迫的事，總會被放在「待辦事項」上，然後不

斷推遲。在人生的道路上，孤獨地奮鬥努力，難免會怠惰，失去鞭策自己的意志力。有人生教練的從旁督促，可以避免我們因為「不急迫」而放慢速度，甚至永遠延宕。面對自己，惰性常常戰勝計畫，但因為與教練的定期見面檢視進度，為重要的事賦與迫切性。

在運動領域，教練能幫助選手不斷突破限制，實現佳績；同樣，若有人想在商業、健康、家庭、人際關係等賽道上越跑越有力、越順暢，教練都是不可或缺的強大助力。在台灣，運動領域之外，聘請教練尚不常見，但在歐美，各領域群體之中，聘請教練的風氣早已盛行。

當我們能透過人生教練以及一套有效的系統，省去多餘的摸索與撞牆期，更有機會發揮自我最大潛能。在人生茫茫大海上，教練可以陪著你，面對人生各種不可預期的挑戰，更可以帶領你，乘風破浪、航向浪尖。

超男，是一個航程

我們相信，男人一生追求的不僅僅是自我實現，而是「超越自我」。

歷史中許多卓越的人，願意接受信念與價值觀的召喚，傾注生命追求正義與真理，秉持良善精神幫助他人。我們的世界因他們而改變。根據研究，這些超越自身的體驗不但能夠讓人變得更正面、更健康，甚至還能淡化對死亡的恐懼。

這種體驗近似於我們凝視浩瀚的星空、廣闊的海洋、瘋狂的大浪，興奮到忘我的同時，又認知到人類渺小而恐懼的「敬畏感」——這也是生命中最難能可貴的「高峰體驗」。

我們相信人生並不是一路往上攀登的路，更像是在廣闊大海中探索。在探索的過程中，我們會遇到各種的機會與挑戰，但也充滿了風險與不確定性。無論航向那個方向，其實都沒有對錯。但旅程中，面對瞬息萬變的挑戰，我們需要一艘堅固的帆船才能持續乘風破浪。

超男計畫，就是這艘堅固的帆船，為你搭建，助你啟航。

你想要超越自我，成就一個比現在更好的自己嗎？

你想要找回生命的驅動力，實現人生夢想嗎？

你願意找尋方法與切入點、合適的陪伴與指引，讓你突破目前陷入的生命困局，邁步前行嗎？

人生只有一次。我們相信，你值得淋漓盡致、無所遺憾的一次航程。

邀請你和我們一起接受自己的不足與待改進之處，並為自己的提升設立目標。

邀請你和我們一起寫下夢想清單，重新找回身為男人的夢想。

邀請你和我們一起承擔起讓自己變得更好的責任，設定計畫與找尋方法。

邀請你和我們一起堅定地付出行動，朝向我們的夢想目標前進。

邀請你和我們一起享受變得更好的自己，以及充滿價值與意義的時時刻刻。

讓我們一起，成為超男。

邁向超男之路的良伴

看完本書的你，現在是否滿心期待揚帆遠航，成為「超男」？我們衷心祈願每一位本書的讀者，都能超越自我，在「身、心、靈、家、事、社」每個領域不斷進展前行。

然而我們也明白，人容易懶散，你現在內心湧現的動力，不見得能永久維持，推動你的努力。此外，人生需改善的各種具體方案，也需要持續學習。

為了讓最多的讀者可以在超男的航程中前行，我們想送大家一個禮物：【超越自己：你的人生教練 Life Coach】。這是一個免付費應用程式 APP（IOS & Android），結合了本書等六大領域的重點，透過以下功能，陪伴你更有效率地展開行動，掌舵人生，揚帆前進。

線上教練，隨時陪伴著你

我們在ＡＰＰ內的線上教練，將帶領你從自我現況評估、擬定人生目標、建立夢想清單等方面，幫助你建立優良習慣，協助並提醒你由小到大，一步步完成人生目標，完成夢想願景。

實用短文，提供啟發與靈感

我們將透過ＡＰＰ持續性推出實用內容，針對身體形象、事業理財、家庭關係、社交文化、心智成長、靈性精神的人生六大領域，提供你自我精進的參考方向及實務作法，也為這本書的各個觀念提供延伸閱讀，激發思考。

專業人生教練提供高效引導

如果發現自己施行上有困難，也可透過ＡＰＰ直接安排與人生教練真人溝通，透過一對一的協助，取得最有效率的引導與幫助，更高效地邁向超男之路。

超男儀錶板，視覺化展示成果

ＡＰＰ中以航海中最重要的舵來呈現人生六大領域的現況比重，讓你清楚明瞭自己的人生是否獲得平衡。搭配目標的達成率、習慣的完成率及你對生活滿意度的自我評估，透過系統自動演算，以航海儀錶板的方式呈現，協助你隨時了解有哪些目標已達成、哪些目標需要重新調整優先順序，而距離目標還有多少需要努力。

【超越自己：你的人生教練 Life Coach】APP，是我們投注極多心血開發設計。由衷地期待，看完本書的你，可以藉助這項工具，循序漸進地達到平衡、富足的人生，成為超越自己的男人。

〔超越自己：你的人生教練
Life Coach〕

Android　　IOS

感謝

攝　　影　Lorenzo Pierucci

攝影助理　林庭偉

梳　　化　鄭曉嵐、鄧莉樺

服　　裝　「Uncle Jude's Fitting Room 裘德叔叔的試衣間」贊助

漁　　船　新北石門「海灣168號」協助拍攝

帆　　船　宜蘭烏石港「樂浪遊艇俱樂部」協助拍攝

國家圖書館出版品預行編目資料

超男進化論：在亂流中找回掌舵力的人生指南 / 劉軒，詹斯敦作；謝宇程，洪孟樊撰文. -- 臺北市：商周出版, 城邦文化事業股份有限公司出版：英屬蓋曼群島商家庭傳媒股份有限公司城邦分公司發行，2022.08

面；　公分

ISBN 978-626-318-352-0（平裝）

1.CST：男性　2.CST：生活指導　3.CST：成功法

177.2　　111009647

超男進化論：在亂流中找回掌舵力的人生指南

作　　者／劉軒、詹斯敦
超男團隊／劉慶浩、詹云茜
撰　　文／【真識團隊】謝宇程、洪孟樊
責任編輯／黃筠婷、程鳳儀

版　　權／吳亭儀
行銷業務／林秀津、周佑潔、黃崇華
總 編 輯／程鳳儀
總 經 理／彭之琬
事業群總經理／黃淑貞
發 行 人／何飛鵬

法律顧問／元禾法律事務所 王子文律師
出　　版／商周出版
台北市中山區民生東路二段141號4樓
電話：(02) 2500-7008 傳真：(02) 2500-7759
E-mail：bwp.service@cite.com.tw
Blog：http://bwp25007008.pixnet.net/blog
發　　行／英屬蓋曼群島商家庭傳媒股份有限公司城邦分公司
台北市中山區民生東路二段141號2樓
書虫客服服務專線：(02)2500-7718・(02)2500-7719
24小時傳真服務：(02)2500-1990・(02)2500-1991
服務時間：週一至週五09:30-12:00・13:30-17:00
郵撥帳號：19863813　戶名：書虫股份有限公司
讀者服務信箱E-mail：service@readingclub.com.tw
歡迎光臨城邦讀書花園　網址：www.cite.com.tw
香港發行所／城邦（香港）出版集團有限公司
香港灣仔駱克道193號東超商業中心1樓
Email：hkcite@biznetvigator.com
電話：(852)2508-6231　傳真：(852)2578-9337
馬新發行所／城邦（馬新）出版集團【Cite (M) Sdn. Bhd.】
41, Jalan Radin Anum, Bandar Baru Sri Petaling,
57000 Kuala Lumpur, Malaysia
電話：(603)90578822　傳真：(603)90576622
Email：cite@cite.com.my

封面設計／徐璽設計工作室
電腦排版／唯翔工作室
印　　刷／韋懋實業有限公司
總 經 銷／聯合發行股份有限公司　電話：(02)2917-8022　傳真：(02)2911-0053
地址：新北市231新店區寶橋路235巷6弄6號2樓

■ 2022年08月04日
■ 2023年12月07日初版7.5刷
Printed in Taiwan

定價／420元

ISBN 978-626-318-352-0

城邦讀書花園
www.cite.com.tw

廣 告 回 函
北區郵政管理登記證
北臺字第10158號
郵資已付，免貼郵票

10480 台北市民生東路二段141號9樓

英屬蓋曼群島商家庭傳媒股份有限公司城邦分公司　收

請沿虛線對摺，謝謝！

書號：BH6101　　**書名**：超男進化論：在亂流中找回掌舵力的人生指南

請於此處用膠水黏貼

商周出版

讀者回函卡

感謝您購買我們出版的書籍！請費心填寫此回函卡，我們將不定期寄上城邦集團最新的出版訊息。

線上版回函卡

姓名：＿＿＿＿＿＿＿＿ 性別：☐男 ☐女

生日：西元＿＿＿＿年＿＿＿＿月＿＿＿＿日

地址：＿＿＿＿＿＿＿＿

聯絡電話：＿＿＿＿＿＿＿＿ 傳真：＿＿＿＿＿＿＿＿

E-mail ：

學歷：☐ 1. 小學 ☐ 2. 國中 ☐ 3. 高中 ☐ 4. 大學 ☐ 5. 研究所以上

職業：☐ 1. 學生 ☐ 2. 軍公教 ☐ 3. 服務 ☐ 4. 金融 ☐ 5. 製造 ☐ 6. 資訊
☐ 7. 傳播 ☐ 8. 自由業 ☐ 9. 農漁牧 ☐ 10. 家管 ☐ 11. 退休
☐ 12. 其他＿＿＿＿＿＿＿＿

您從何種方式得知本書消息？

☐ 1. 書店 ☐ 2. 網路 ☐ 3. 報紙 ☐ 4. 雜誌 ☐ 5. 廣播 ☐ 6. 電視
☐ 7. 親友推薦 ☐ 8. 其他＿＿＿＿＿＿＿＿

您通常以何種方式購書？

☐ 1. 書店 ☐ 2. 網路 ☐ 3. 傳真訂購 ☐ 4. 郵局劃撥 ☐ 5. 其他＿＿＿＿

您喜歡閱讀那些類別的書籍？

☐ 1. 財經商業 ☐ 2. 自然科學 ☐ 3. 歷史 ☐ 4. 法律 ☐ 5. 文學
☐ 6. 休閒旅遊 ☐ 7. 小說 ☐ 8. 人物傳記 ☐ 9. 生活、勵志 ☐ 10. 其他

對我們的建議：＿＿＿＿＿＿＿＿

＿＿＿＿＿＿＿＿

＿＿＿＿＿＿＿＿

請於此處用膠水黏貼